新能源汽车电气技术

第 2 版

主　编　赵慧颖　王　强　胡克晓
副主编　刘　冰　罗晓鹏
参　编　赵　宇　任晓光　胡星茹
　　　　赵　爽　马　威

机械工业出版社

本书是职业教育汽车类专业"互联网+"创新教材。本书紧密结合当前汽车产业的发展及需求，主要以纯电动汽车为主进行介绍，主要内容包括新能源汽车电源系统、新能源汽车充电系统、新能源汽车空调系统、新能源汽车电动助力转向系统、新能源汽车车载网络系统，共5个项目。

本书按照新能源汽车电气系统检修实际工作情况，每个任务都是以任务情境、任务目标、必备知识、任务实施、知识拓展、学习小结、任务分析、自我评估8个环节为主线形成"闭环教学"模式，并有配套的操作教学视频，可以弥补目前在线精品课程教学资源的不足。

本书借助"互联网+"及信息技术使内容呈现立体化、可视化、数字化，能够满足"人人皆学、处处能学、时时可学"的学习创新空间，为学习者提供"能学、助教、助训、助考"的课程资源。

本书可以作为职业院校新能源汽车专业及相关汽车类专业的教学用书，还可以作为技术培训用书。

为方便教学，本书配有电子课件、电子教案等资源，凡选用本书作为授课教材的教师均可登录www.cmpedu.com，以教师身份注册下载，或来电咨询：010-88379201。

图书在版编目（CIP）数据

新能源汽车电气技术/赵慧颖，王强，胡克晓主编. — 2版. — 北京：机械工业出版社，2023.12（2026.1重印）

ISBN 978-7-111-74250-0

Ⅰ.①新… Ⅱ.①赵… ②王… ③胡… Ⅲ.①新能源—汽车—电气系统—职业教育—教材 Ⅳ.①U469.7

中国国家版本馆CIP数据核字（2023）第220959号

机械工业出版社（北京市百万庄大街22号　邮政编码100037）
策划编辑：师　哲　　责任编辑：师　哲
责任校对：李　杉　　封面设计：张　静
责任印制：张　博
北京机工印刷厂有限公司印刷
2026年1月第2版第7次印刷
210mm×285mm·8印张·205千字
标准书号：ISBN 978-7-111-74250-0
定价：28.00元

电话服务　　　　　　　网络服务
客服电话：010-88361066　机 工 官 网：www.cmpbook.com
　　　　　010-88379833　机 工 官 博：weibo.com/cmp1952
　　　　　010-68326294　金　书　网：www.golden-book.com
封底无防伪标均为盗版　机工教育服务网：www.cmpedu.com

前 言

在新一轮科技革命和产业变革的影响下，产业升级和经济结构调整不断加快，"互联网+"汽车、新能源汽车、共享汽车、智能网联汽车等新业态的出现加速了汽车后市场的变革，面对新业态、新生态，与之相适应的汽车后市场人才极其匮乏，因此新时代汽车专业高素质技术技能人才的培养任重道远。

随着新能源汽车技术的飞速发展，新能源汽车技术开发人员、产业服务人员相对短缺，亟须培养一批掌握新能源汽车知识的人才队伍。本书紧密结合当前汽车产业的发展及需求，主要内容包括新能源汽车电源系统、新能源汽车充电系统、新能源汽车空调系统、新能源汽车电动助力转向系统、新能源汽车车载网络系统，共5个项目。

本书将文化教育与素质教育相融合，以专业人才培养目标为依据，以所在专业能力结构为主线，贯彻落实党的二十大精神，用社会主义核心价值观铸魂育人。文字简洁、通俗易懂、图文并茂、形象直观，在培养学生专业能力的同时，关注学生身心的健康发展，坚定学生的理想信念，加强职业道德与爱国主义的教育，激发学生的家国情怀和使命担当，培养学生的工匠精神，培养适合新时代发展需要的高素质人才。同时借助"互联网+"及信息技术，紧抓数字化机遇，将二维码等数字技术融入教材，使本书内容立体化、可视化、数字化，进一步丰富、优化、更新教材数字化资源，推进教育数字化，满足"人人皆学、处处能学、时时可学"的学习需要，助力学生学习成长。

本书按照新能源汽车电气系统检修实际工作情况，每个任务都是以任务情境、任务目标、必备知识、任务实施、知识拓展、学习小结、任务分析、自我评估8个环节为主线形成"闭环教学"模式。

本书由赵慧颖、王强、胡克晓担任主编。刘冰、罗晓鹏担任副主编，参与编写的还有赵宇、任晓光、胡星茹、赵爽、马威。

由于编者水平有限，书中难免有疏漏之处，敬请广大读者批评指正。

编　者

二维码索引

序号	二维码	名称	页码	序号	二维码	名称	页码
1		电动汽车电源系统概述	2	6		空调系统功用	49
2		电力分配单元	10	7		新能源汽车空调系统的分类	50
3		充电系统基本术语	25	8		空调系统组成	58
4		充电系统的作用	29	9		电动助力转向系统概述	74
5		DC/DC 变换器故障	41	10		车载网络系统的要求	96

目 录

前言
二维码索引

新能源汽车电源系统　项目一　1

任务1　新能源汽车电源系统的
　　　　认知 / 1
任务2　新能源汽车电源系统的
　　　　检修 / 14

新能源汽车充电系统　项目二　23

任务1　新能源汽车充电系统的
　　　　认知 / 23
任务2　新能源汽车充电系统的
　　　　检修 / 40

新能源汽车空调系统　项目三　48

任务1　新能源汽车空调系统的
　　　　认知 / 48
任务2　新能源汽车空调系统的
　　　　检修 / 57

任务3　新能源汽车供暖系统
　　　　故障分析 / 67

73　项目四　**新能源汽车电动
　　　　　　助力转向系统**

任务1　新能源汽车电动助力转向
　　　　系统的认知 / 73
任务2　新能源汽车电动助力转向
　　　　系统的检修 / 89

95　项目五　**新能源汽车车载
　　　　　　网络系统**

任务1　新能源汽车车载网络
　　　　系统的认知 / 95
任务2　新能源汽车车联网
　　　　系统的认知 / 111

参考文献 / 122

项目一 新能源汽车电源系统

本项目主要学习新能源汽车电源系统，分为两个工作任务：任务1 新能源汽车电源系统的认知；任务2 新能源汽车电源系统的检修。通过两个任务的学习，能够描述新能源汽车电源系统的组成及类型，能对新能源汽车电源系统故障进行分析与检修。

任务1 新能源汽车电源系统的认知

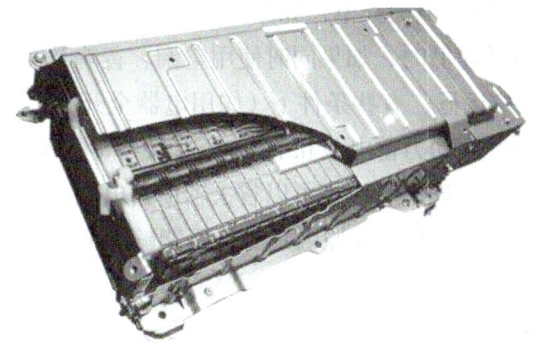

任务情境

任务描述

一辆比亚迪E5新能源汽车，进厂报修时出现的故障现象为：行驶过程中组合仪表中动力蓄电池故障警告灯突然点亮。要求服务站给予检修。

任务提示

根据故障现象分析，判断这辆车的动力蓄电池系统出现了故障，需要对动力蓄电池系统进行检修。本任务需要认识新能源汽车电源系统的组成部件。

任务目标

知识目标

1. 掌握动力蓄电池的功用。
2. 掌握DC/DC变换器的功能与工作原理。
3. 掌握电力分配单元的功能与工作原理。

能力目标
1. 能够介绍新能源汽车电源系统的特点与组成部件。
2. 能够介绍整车高压线束的分布。

 必备知识

一、新能源汽车电源系统概述

电动汽车电源系统概述

笔记栏

传统燃油汽车的电源是蓄电池和发电机，发动机起动之前由蓄电池供电，起动以后则由发电机供电，同时为蓄电池充电。

新能源汽车的电源分为主电源和辅助电源。主电源为驱动汽车行驶的高压电源，即动力蓄电池；辅助电源（即辅助蓄电池）是为车载各种仪表、控制系统供电的直流低压电源。新能源汽车电源系统是整个系统稳定运行的保障。电源的可靠性对于整个系统的性能起着至关重要的作用。

传统燃油汽车的交流发电机利用发动机的旋转发电，发出的电提供给用电器并为蓄电池充电。混合动力汽车及纯电动汽车采用 DC/DC 变换器之后，可省去交流发电机，直接由动力蓄电池通过 DC/DC 变换器为辅助蓄电池充电，如图 1-1 所示。

传统燃油汽车当发动机转速低时，如果同时使用空调、音响及车灯等，有时"蓄电池的电量会用尽"。即使发动机仍在运行，有些条件下（如用电器全开）也会出现电力不足现象。而混合动力汽车和纯电动汽车使用动力蓄电池和 DC/DC 变换器，便不存在这种情况。

混合动力汽车和纯电动汽车理论上说也可以省去辅助蓄电池，但实际上还是保留了辅助蓄电池，如图 1-2 所示。这样做有两个主要原因：一是更能够降低车辆的成本，二是确保电源的冗余度。

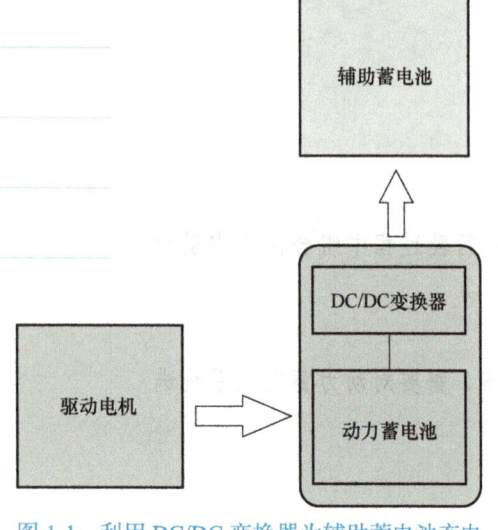

图 1-1 利用 DC/DC 变换器为辅助蓄电池充电

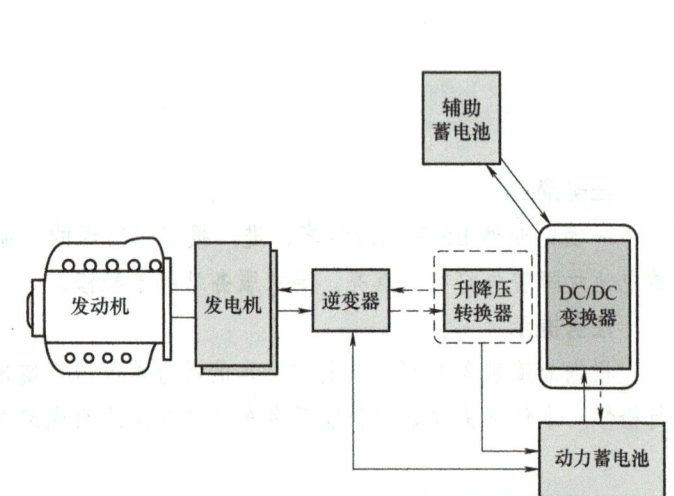

图 1-2 混合动力汽车利用 DC/DC 变换器为蓄电池充电图

辅助蓄电池能在短时间内向空调、刮水器及车灯等释放大电流。如果省去辅助蓄电池而将动力蓄电池的电力用于空调及刮水器等，DC/DC 变换器的尺寸势必就要增大，从而使整体成本增加。辅助蓄电池价格便宜，因此目前将辅助蓄电池取消没有成本上的优势。

辅助蓄电池还具有确保向辅助类电器供电的冗余度的作用。DC/DC 变换器出现故障停止供电时，如果没有辅助蓄电池，辅助类电器就会立即停止运行，从而影响汽车行驶。

部分混合动力车型的发动机保留了发电机，低压电源系统由12V辅助蓄电池、DC/DC变换器和发电机三个电源共同提供电力。图1-3为比亚迪秦的低压电源系统。

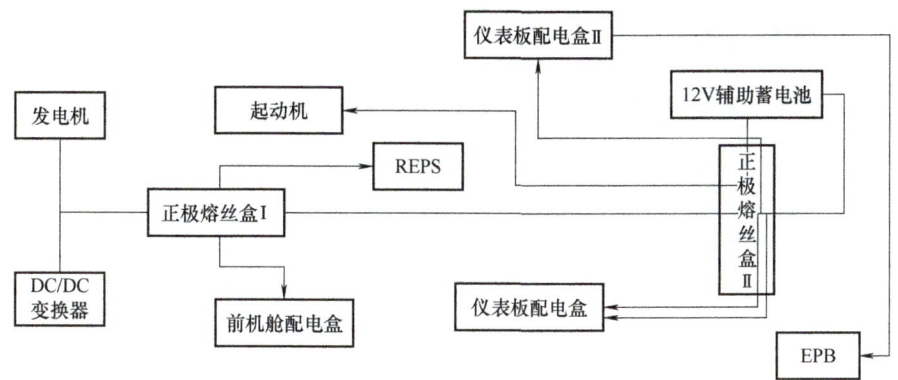

图1-3 比亚迪秦的低压电源系统

二、新能源汽车辅助蓄电池的特点

无论是传统燃油汽车、混合动力汽车，还是纯电动汽车，都离不开辅助蓄电池。

蓄电池是将化学能直接转化成电能的一种装置，并且可以通过可逆的化学反应实现再充电。蓄电池已有100多年的历史，广泛用作内燃机汽车的起动电源。蓄电池也是成熟的新能源汽车动力电源，它可靠性好、原材料易得、价格便宜；比功率也基本上能满足新能源汽车的动力性要求。但蓄电池有两大缺点：一是比能量低，所占的质量和体积较大，且一次充电行驶里程较短；另一个是使用寿命短，使用成本高。以常见的铅酸蓄电池为例，采用填满海绵状铅的铅基板栅（又称格子体）作为负极，填满二氧化铅的铅基板栅作为正极，并用密度1.26~1.33g/mL的稀硫酸作为电解质。铅酸蓄电池在放电时，金属铅是负极，发生氧化反应，生成硫酸铅；二氧化铅是正极，发生还原反应，生成硫酸铅。铅酸蓄电池能反复充电、放电，在用直流电充电时，两电极分别生成单质铅和二氧化铅。移去电源后，又恢复到放电前的状态，组成化学电池。常见的蓄电池单体电压是2V，可以由一个或多个单体构成蓄电池组。如汽车上用的蓄电池（俗称电瓶）是6个铅酸蓄电池单体串联成12V的蓄电池组，如图1-4所示。

图1-4 汽车上的12V蓄电池

常用的12V辅助蓄电池主要分为四类，分别为普通蓄电池、干荷蓄电池、湿荷蓄电池和免维护蓄电池。目前，汽车上使用的基本上都是免维护蓄电池。

新能源汽车，特别是纯电动汽车，12V辅助蓄电池不需要给起动机提供起动时的大电流，容量变小，此外结构和类型也与传统汽车有所区别。从图1-5中可以看出，比亚迪秦混合动力汽车12V辅助蓄电池与传统汽车用的蓄电池主要区别是：

1）用于发动机的起动正极与其他用电器的供电正极分开了。

2）12V辅助蓄电池内部具有智能控制模块（BMS），用于对蓄电池进行智能控制。例如蓄电池电压低时，由动力蓄电池向辅助蓄电池充电。

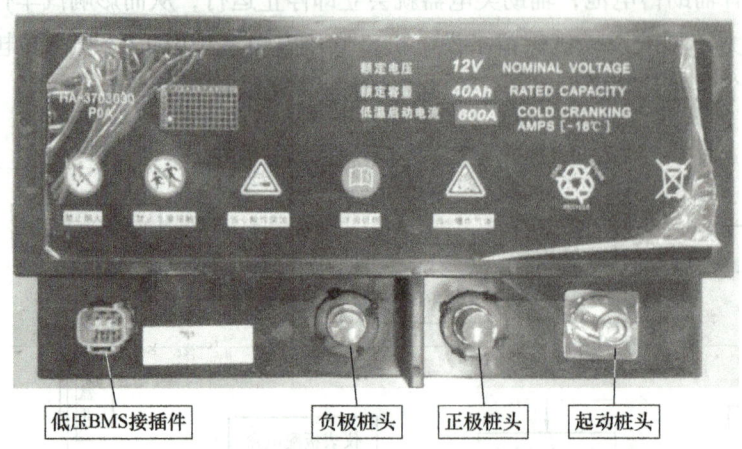

图 1-5 比亚迪秦 12V 辅助蓄电池

三、新能源汽车动力蓄电池的发展现状和趋势

目前，比较常用的新能源汽车动力蓄电池主要有铅酸蓄电池、镍氢蓄电池、锂离子蓄电池、超级电容器、燃料电池等。其中铅酸蓄电池是所有电池研究中最为成熟的动力蓄电池，它具有成本低廉、支持大电流放电、安全性高的优点，但由于其较低的比能量而无法满足新能源汽车续驶里程的需要，因而主要用于电动自行车、电动三轮车和低速电动汽车。

纯电动汽车的动力完全由动力蓄电池提供，它摆脱了对石油的依赖，极大地节省了能源，减小了对环境的污染，具有很好的发展前景，是目前世界各国都在致力研究投产的新能源汽车。纯电动汽车的动力蓄电池主要有镍氢蓄电池、锂离子蓄电池和超级电容器。由于现有的氢镍蓄电池存在单体电压低、自放电损耗大、对环境温度敏感等许多不足，因而还需进一步研究、改进。锂离子蓄电池是目前所有可充电蓄电池中，综合性能最优的一种新型蓄电池。它具有比容量大、质量小、性能稳定等优点，十分适合作为动力装置，构建轻巧灵便的纯电动汽车。超级电容器的最大优点是符合电动汽车在加速与制动时能量快速吸收和提供的要求，动力强劲，放电电流大，使用寿命长，其未来使用范围非常广泛。

燃料电池电动汽车以氢气作为燃料，与氧气反应时能释放大量的能量且反应生成物为水，具有效率高、零排放、燃料补充速度快等优点，因而将成为未来汽车的发展方向。但就燃料电池而言，氢气的制备与储存还存在很多问题，燃料电池的制备价格极高，电池与整车的技术还在研究阶段，所以燃料电池及其相关技术还有待进一步的研究。

四、新能源汽车对动力蓄电池的性能要求

动力蓄电池作为新能源汽车的能量来源，其性能直接关系到新能源汽车的续驶里程、加速性能、爬坡能力以及安全性能等，因此动力蓄电池的选择必须满足高比能量、高比功率以及安全可靠等特点。

1. 高比能量

比能量是指单位质量或体积的蓄电池能够存储和释放的电量，其单位为 $W \cdot h/kg$、$W \cdot h/L$。存储相同的电量，比能量越高的蓄电池，其质量和体积就会越小，对新能源汽车的发展越有利，在固定重量和体积的情况下，新能源汽车可以携带更多的蓄电池，具有更高的电量。

2. 高比功率

比功率是指单位质量或体积的蓄电池存储或放出的功率，其单位为 kW/kg 或 kW/L，决定着新能源汽车的动力性能，对汽车最大车速以及爬坡能力都有很大的影响。

3. 安全可靠

安全可靠是新能源汽车对动力蓄电池的基本要求，能否安全可靠地使用动力蓄电池，直接关系着驾驶人员的人身安全。因此，动力蓄电池在出厂前经过安全测试，即使在温度过高、剧烈碰撞等情况下也不会发生爆炸。另外，废弃的动力蓄电池要能够回收利用，防止重金属、电解质溶解等对环境造成污染。

4. 较长的使用寿命

动力蓄电池的使用寿命直接关系到新能源汽车的应用及市场化程度，如果使用寿命太短，将无法适应新能源汽车的发展。目前，动力蓄电池的循环寿命（在指定的充放电终止条件下，以特定的充放电制度进行充放电，动力蓄电池在不能满足寿命终止标准前所能进行的循环数）要求不少于1000次，寿命使用期间内，不需要进行维护。

5. 充电技术成熟

新能源汽车的发展使得快速充电成了必然要求，动力蓄电池除了能常规充电外，还要具有快速充电的能力，以适应现在的快节奏生活。一般新能源汽车要求 6h 左右能充满，快速充电时，20min 即可充满 50% 的电量。

6. 价格合适

新能源汽车一般需要几百节蓄电池，如果动力蓄电池的价格过于昂贵，将会加大新能源汽车的成本，使得新能源汽车的价格大幅提升，从而影响新能源汽车的市场份额。目前，锂离子蓄电池的价格仍然比较昂贵，并不利于新能源汽车的市场化发展，不过随着科学技术的快速发展，锂离子蓄电池的工艺不断成熟，市场规模也会逐渐扩大，价格也会逐渐降低。

五、新能源汽车常用动力蓄电池的种类

目前，新能源汽车常用的动力蓄电池主要有铅酸蓄电池、金属氢化物镍蓄电池、锂离子蓄电池三种。

1. 铅酸蓄电池

铅酸蓄电池是正极活性物质使用二氧化铅，负极活性物质使用铅，并以硫酸溶液为电解液的蓄电池。铅酸蓄电池是一种电化学储能电池，是目前性能相对比较成熟的新能源汽车动力蓄电池。其通过两个电极的化学反应来存储能量，正极采用二氧化铅，负极采用海绵状的铅，电解液采用稀硫酸溶液，单节蓄电池的基本电压为2V。铅酸蓄电池具有安全性能好、成本低的优点，但其质量大、容量小、含有重金属铅，容易对环境造成污染。

2. 金属氢化物镍蓄电池

金属氢化物镍蓄电池是正极使用镍氧化物，负极使用可吸收释放氢的贮氢合金，以氢氧化钾为溶液的蓄电池。新能源汽车所使用的金属氢化物镍蓄电池有镍镉蓄电池、镍氢蓄电池两种，两种蓄电池皆是储能的碱性蓄电池，单节蓄电池电压为1.2V，且蓄电池正极皆为氢氧化镍。镍镉蓄电池的负极为金属镉，电解质为氢氧化钠溶液。单体蓄电池电压较低，具有高比能量、质量小、寿命长的特点，能够进行深度放电。但是金属镉具有毒性，容易对环境造成污染，所以发达国家已经禁止使用此类电池。

镍氢蓄电池的负极是储氢合金，电解质为氢氧化钾。与镍镉蓄电池相比，镍氢蓄电池没有

环境污染的问题，质量更小，电池寿命也更长，能比镍镉蓄电池多存储30%的电量，能够承受一定程度的过充电和过放电，也可进行快速充电。但是镍氢蓄电池的成本相对较高，蓄电池之间的不一致性较难控制，使得镍氢蓄电池的使用受到了很大的限制。

3. 锂离子蓄电池

锂离子蓄电池是利用锂离子作为导电离子，在阳极和阴极之间移动，通过化学能和电能相互转化实现充放电的电池。锂离子蓄电池也是一种储能电池，具有能量密度大、自放电小、平均输出电压高、无记忆效应、使用寿命长、工作温度范围宽、绿色环保等优点，单体蓄电池电压更是达到3V以上，因此在许多方面都得到应用，更被广泛应用于新能源汽车。相同质量的蓄电池组，新能源汽车可以携带数量更多的锂离子蓄电池，使其拥有更高的容量，行驶更远的里程。但是锂离子蓄电池也存在一定的缺陷：生产成本高，材料的稳定性较差，使用时需要合理管理，以防危险事故的发生。

通过以上的分析比较，可以看出锂离子蓄电池的性能最优越，最符合新能源汽车的动力需求。但锂离子蓄电池种类众多，最具代表性的当属磷酸铁锂离子蓄电池，其性能优越、安全性能好、成本较低、价格适中，是目前最为理想的动力蓄电池。比亚迪推出的"刀片电池"，采用磷酸铁锂离子蓄电池，拥有超强的安全性及超长的循环寿命，克服了传统磷酸铁锂离子蓄电池能量密度低的限制缺陷。

六、动力蓄电池系统的功用

动力蓄电池是为电动汽车动力系统提供能量的蓄电池。动力蓄电池系统的功用主要是为车辆行驶提供动力，检测计算电量，检测温度、电压、湿度、检测漏电等异常情况并发出警报，控制充放电，控制预充电，系统自检等，如图1-6所示。

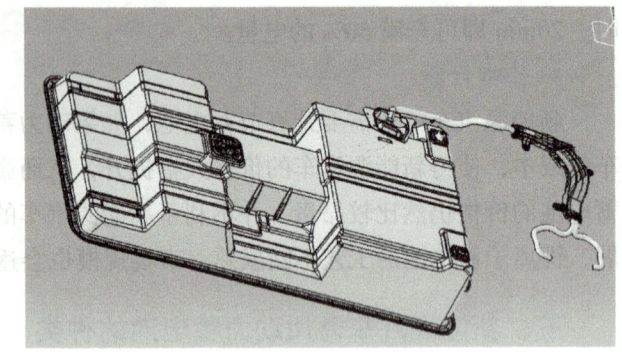

图1-6 动力蓄电池

七、动力蓄电池系统的组成

新能源汽车动力蓄电池系统主要由动力蓄电池模块、蓄电池管理系统、动力蓄电池箱及辅助元器件等几大部分组成，如图1-7所示。

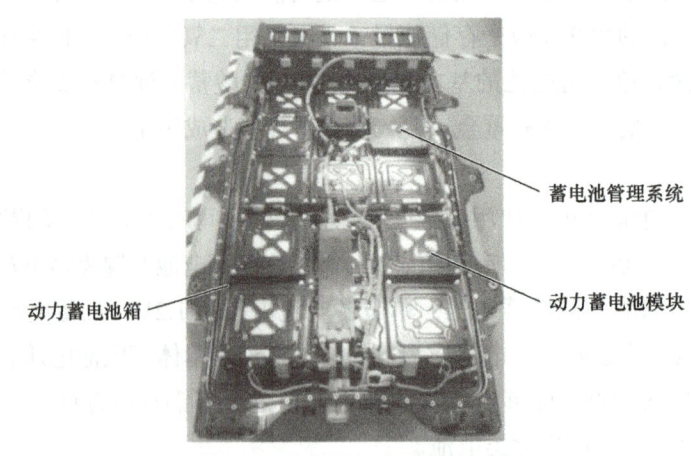

图1-7 动力蓄电池系统的组成

1. 蓄电池模块的组成及工作原理

单体蓄电池（即电芯）是构成动力蓄电池模块的最小单元，是将化学能与电能进行相互转换的基本单元装置，通常包括电极、隔膜、电解质、外壳和端子，如图 1-8 所示。蓄电池模块是将一个以上单体蓄电池按照串联、并联或串并联方式组合，并作为电源使用的组合体，也称作蓄电池组，如图 1-9 所示。

图 1-8　单体蓄电池

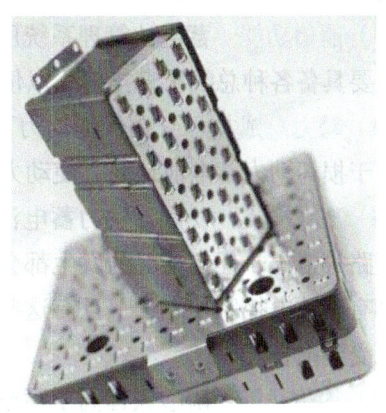

图 1-9　蓄电池模块

动力蓄电池模块放置在一个密封并且屏蔽的动力蓄电池箱内，动力蓄电池系统使用可靠的高低压接插件与整车进行连接。系统内的蓄电池管理系统实时采集各电芯的电压值、各温度传感器的温度值、动力蓄电池系统的总电压值和总电流值、动力蓄电池系统的绝缘电阻值等数据，并根据蓄电池管理系统中设定的阈值判定动力蓄电池系统工作是否正常，并对故障实时监控。动力蓄电池系统通过蓄电池管理系统使用 CAN 与整车控制器或车载充电机之间进行通信，对动力蓄电池系统进行充放电等综合管理。

2. 蓄电池管理系统的组成及作用

蓄电池管理系统（Battery Management System，BMS）用于监视蓄电池的状态（湿度、电压、荷电状态等），为蓄电池提供通信、安全、电芯均衡及管理控制，并提供与应用设备通信接口的系统。蓄电池管理系统由硬件和软件两部分组成，硬件主要由主板、从板、高压盒，以及采集电压、电流、温度等数据的电子器件组成，如图 1-10 所示。

蓄电池管理系统是对动力蓄电池保护和管理的核心部件，在动力蓄电池系统中，它的作用就相当于人的大脑。它不仅要保证动力蓄电池安全可靠地使用，而且要充分发挥动力蓄电池的能力和延长使用寿命，作为动力蓄电池和整车控制器以及驾驶人沟通的桥梁，

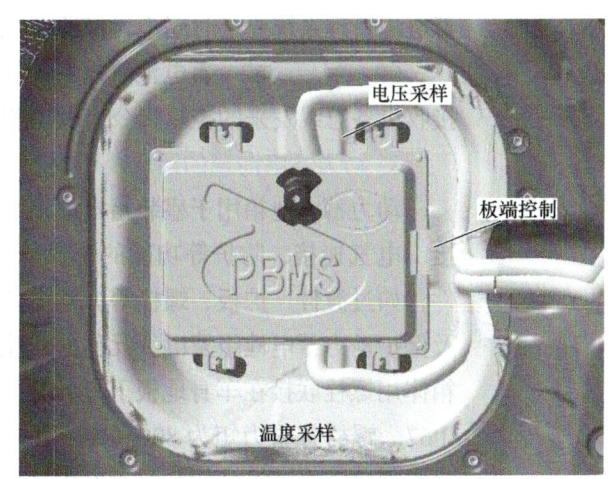

图 1-10　蓄电池管理系统

通过控制接触器控制动力蓄电池的充放电，并向整车控制器上报动力蓄电池系统的基本参数及故障信息。蓄电池管理系统主要有以下作用：

（1）数据采集功能　数据采集包括对动力蓄电池组总电压、电流、温度以及单体蓄电池的电压等数据的精确采集。总电压、电流是新能源汽车的重要参数，也是电池荷电状态估算的依据；对单体蓄电池电压的采集可以及时掌握每个单体蓄电池的状态，也是单体蓄电池之间均衡

的判据；动力蓄电池在充放电过程中会放出大量的热，故需要采集其温度数据，以防温度过高而发生危险事故。

（2）SOC 的估算 荷电状态（Stage of Charge，SOC）是当前蓄电池中按照规定放电条件可以释放的容量占可用容量的百分比。通过相应的算法，结合采集的数据进行动力蓄电池 SOC 的估算，准确地估算动力蓄电池荷电状态，可以为驾驶人提供动力蓄电池的剩余电量，以便驾驶人能够及时做出调整，也可为其他控制提供参考数据。

（3）通信功能 蓄电池管理系统所处环境复杂，要进行信息交互就必须具备可靠的通信功能，还要具备各种总线扩充接口，以便不同设备之间的信息交互。

（4）动力总成技术 在保证动力蓄电池安全使用的前提下，充分发挥动力蓄电池的性能，且不至于损坏动力蓄电池，同时使动力蓄电池寿命得到保证。

（5）充放电控制功能 动力蓄电池充放电过程中，可能会出现过充电、过放电、电流过大以及短路等情况，任何情况的发生都会对动力蓄电池造成不可逆转的损害，因此蓄电池管理系统要具有充放电控制功能，一旦有这些故障事故出现，能够及时地终止充放电行为，以防动力蓄电池受到损害。

（6）均衡功能 磷酸铁锂离子蓄电池由于制作工艺以及原材料等原因，一致性较差。如果将其串联成蓄电池组，而不加以管理，动力蓄电池间的差异会越来越大，从而损害动力蓄电池的性能，使动力蓄电池寿命大大缩减。蓄电池管理系统具有均衡功能，能够减小单体蓄电池之间的不一致性，更合理地使用动力蓄电池。

（7）散热功能 动力蓄电池充放电过程中会散发出大量热量，温度过高时要能及时散热，新能源汽车一般都安装有风扇，通过蓄电池管理系统进行控制。当检测温度过高时，蓄电池管理系统会自动打开风扇，以加速空气循环，达到散热的目的。

（8）自检功能 蓄电池管理系统长时间使用而不进行检查，会影响其功能的准确性。因此蓄电池管理系统应具备自检功能，以便能够趁早发现问题，及时做出处理。蓄电池组工作时，蓄电池管理系统要定时巡检，保证系统安全稳定地运行。

（9）受控功能 蓄电池管理系统除了管理和控制蓄电池组以外，还要具有受控功能，即能接收设备总线发来的控制指令，做出相应的回应，如根据总线指令打开蓄电池组。

3. 动力蓄电池箱的组成及作用

动力蓄电池箱用于盛装蓄电池组、蓄电池管理系统以及相应的辅助元器件，并包含机械连接、电气连接、防护等功能的总成，简称蓄电池箱，主要包含上盖和下托盘，还有辅助元器件，如过渡件、护板、螺栓等。蓄电池箱是支撑、固定、包围动力蓄电池系统的组件，有承载及保护动力蓄电池组及电气元件的作用。蓄电池箱体用螺栓联接在车身地板下方，其防护等级为 IP67，螺栓拧紧力矩为 80~100N·m。整车维护时需观察蓄电池箱体螺栓是否有松动，蓄电池箱体是否有破损或严重变形，密封法兰是否完整，确保动力蓄电池可以正常工作。蓄电池箱体外表面颜色要求为银灰或黑色，亚光；蓄电池箱体表面不得有划痕、尖角、毛刺、焊缝及残余油迹等外观缺陷，焊接处必须打磨圆滑，如图 1-11 所示。

图 1-11 动力蓄电池箱

4. 辅助元器件的组成

辅助元器件主要包括动力蓄电池系统内部的电子电器元件，如熔断器、继电器、分流器（电流传感器）、接插件、紧急开关、烟雾传感器等，维修开关以及电子电器元件以外的辅助元器件，如密封条、绝缘材料等。

八、锂离子蓄电池的分类

锂离子蓄电池的种类繁多，可按不同的分类方法将锂离子蓄电池分类，见表1-1。

表1-1 锂离子蓄电池的分类

锂离子蓄电池的分类	分类情况
按锂离子蓄电池的封装形式分类	圆柱形锂离子蓄电池、方形锂离子蓄电池和软包锂离子蓄电池
按锂离子蓄电池正负极材料分类	钴酸锂离子蓄电池或锰酸锂、磷酸铁锂离子蓄电池、一次性二氧化锰锂离子蓄电池
按性能分类	高能量型锂离子蓄电池：以高能量密度为特点，主要用于高能量输出的动力蓄电池 高功率型锂离子蓄电池：以高功率密度为特点，主要用于瞬间高功率输出、输入的动力蓄电池
按是否可充电分类	不可充电电池的和可充电电池

九、锂离子蓄电池的工作原理

锂离子蓄电池在结构上可分为正极、负极、电解液、隔膜、外壳与电极引线五大块。锂离子蓄电池内部的锂离子在电场的驱动下从正极经过电解质溶液嵌入到负极上完成充电。而放电的过程则是锂离子由负极到正极运动过程，只是放电过程中锂离子运动路径是通过外电路回到负极的，如图1-12所示。

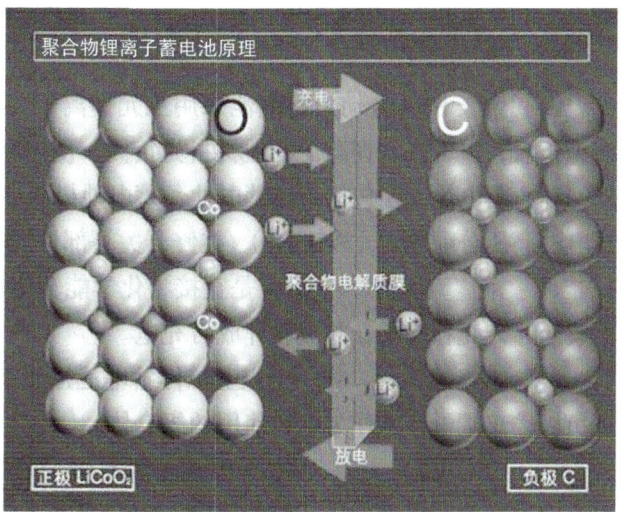

图1-12 锂离子蓄电池内部工作示意图

十、电力分配单元（PDU）

电力分配单元（Power Distribute Unit，PDU）用来对动力蓄电池的电力进行分配。车上使用动力蓄电池电力的模块主要有直流转化模块（DC/DC变换器）、电机控制模块（MCU）、电动空调压缩机（EAS）和PTC电加热器四个系统，另外还有给动力蓄电池充电使用的快速充电系统和车载充电系统（OBC）。基于系统的复杂性，将这些系统优化后采用集成化设计，于是就有了PDU，如图1-13所示。采用PDU后主要有以下优点：

1）可以减少高压线束的数量、便于高压线束的布置。
2）将大部分高压母线的接线端子置于PDU内，从而提高了安全性。
3）提高了各系统的可靠性和可维修性。

电力分配单元

笔记栏

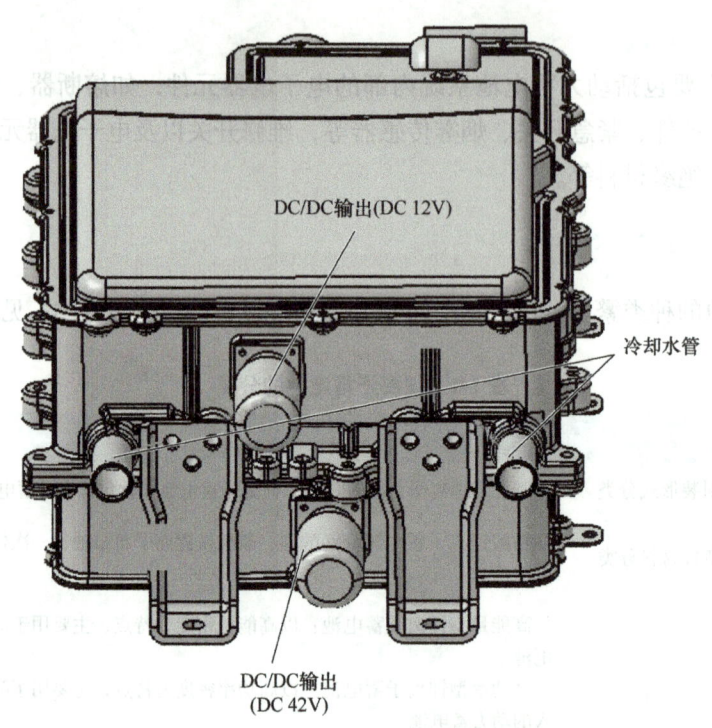

图1-13 电力分配单元（PDU）

4）高压线束被集成在内部的母排上，同时也提高了高压母线的屏蔽效果。

5）将DC/DC直流转化模块、车载充电机、PTC电加热器控制器、快充继电器集成到PDU内，大大简化了车辆前机舱空间。

十一、吉利帝豪EV450动力蓄电池系统简介

吉利帝豪EV450动力蓄电池采用三元锂离子蓄电池，以钴酸锂、锰酸锂或镍酸锂等化合物为正极，以可嵌入锂离子的碳材料为负极，使用有机电解质。动力蓄电池总成安装在车体下部，动力蓄电池主要包括单体蓄电池、蓄电池模块、CSC采集系统、蓄电池控制单元（BCU）、蓄电池高压分配单元（B-BOX）、维修开关等部件。

（1）单体蓄电池（Cell） 是直接将化学能转化为电能的基本单元装置，包括电极、隔膜、电解质、外壳和端子，并被设计成可充电。

（2）蓄电池模块 将一个以上单体蓄电池按照串联、并联或串并联方式组合，且只有一对正负极输出端子，并作为电源使用的组合体。

（3）CSC采集系统 每一个电池单元有多个CSC采集系统，以监测其中每个单体蓄电池或蓄电池模块的单体电压、温度信息。CSC采集系统将相关信息上报蓄电池控制单元（BMU）并根据BMU的指令执行单体电压均衡。

（4）蓄电池控制单元（BCU） 蓄电池控制单元（Battery Control Unit，BCU）安装于动力蓄电池总成内部，是蓄电池管理系统的核心部件，蓄电池控制单元将单体电压、电流、温度及整车高压绝缘等信息上报整车控制器（VCU）并根据VCU的指令完成对动力蓄电池的控制。

（5）蓄电池高压分配单元（B-BOX） 蓄电池高压分配单元安装在动力蓄电池总成的正负极输出端，由高压正极继电器、高压负极继电器、预充继电器、电流传感器和预充电阻等组成。

（6）维修开关 维修开关位于动力蓄电池总成中间表面位置，打开驾驶室内副仪表杂物箱

开关，可操作维修开关。在高压零部件检查和维护前，断开维修开关可以确保切断高压电。

蓄电池管理系统能够对动力蓄电池组总电压、总电流、每个测点温度和单体蓄电池的电压参数进行实时监控，并进行故障诊断、SOC（剩余电量比）计算、短路保护、漏电监测、报警显示、充放电模式选择等。蓄电池管理系统可以将动力蓄电池相关参数上报整车控制器（VCU），由 VCU 控制动力蓄电池的充电和放电功率。

任务实施

一、准备工作

（1）**防护装备** 隔离栏、警示牌、绝缘手套、护目镜、安全帽和绝缘鞋。
（2）**实训车辆** 比亚迪 E5 新能源汽车等。
（3）**工具设备** 预紧式扭力扳手、棘轮扳手、短接杆、套筒等。
（4）**辅助资料** 汽车维修手册、教材等。

二、实施步骤

根据实训室的车辆配置，完成以下相关的操作。

1. 典型纯电动汽车电源系统的特点与组成部件认知

1）比亚迪 E5 供电系统的认知。
2）荣威 E50 供电系统的认知。
3）比亚迪秦供电系统的认知。

2. 典型混合动力汽车电源系统的特点与组成部件认知

1）比亚迪秦供电系统的认知。
2）丰田普锐斯供电系统的认知。

知识拓展

一、磷酸铁锂离子蓄电池的优缺点

磷酸铁锂离子蓄电池作为一种高能动力蓄电池，使用其作为新能源汽车的动力电源时，必须要了解其性能的优缺点，其优点如下：

（1）**容量大** 磷酸铁锂离子蓄电池的容量比其他类型的动力蓄电池的容量要大得多。
（2）**质量轻** 磷酸铁锂离子蓄电池与其他类型的动力蓄电池相比，体积更小，质量更轻。对于空间固定的新能源汽车，可以增加磷酸铁锂离子蓄电池的使用数量、增加更多的电量，又能减轻新能源汽车自身的质量。
（3）**使用寿命较长** 磷酸铁锂离子蓄电池的充放电循环次数能达到 2000 次以上，使用寿命能达到 7~8 年。
（4）**工作温度范围宽** 锂离子蓄电池可以在 –20~75℃ 环境下使用，且能耐高温，其高温峰值可达 350~500℃。
（5）**能快速充电** 标准充电需要大约 5h，使用专用充电器以 1.5C 的电流充电，20min 即可充到额定容量的 50%。

(6) 自放电率低，无记忆效应　磷酸铁锂离子蓄电池常温下储存1个月后的自放电率仅在2%左右，且可以随时进行充放电。

(7) 绿色环保　磷酸铁锂离子蓄电池不存在有毒物质，不会对环境造成污染，原材料来源广泛，价格便宜。

(8) 安全性能好　磷酸铁锂离子蓄电池的生产都经过严格的安全测试，发生交通事故也不会出现爆炸的情况。

磷酸铁锂离子蓄电池的缺点如下：

(1) 一致性差　磷酸铁锂离子蓄电池的制作是一个复杂的化学反应过程，需要调配多种物质的反应，容易受温度影响，某一物质稍微有些不足，就会导致单体蓄电池之间的不一致性。

(2) 蓄电池组寿命差　单体磷酸铁锂离子蓄电池的使用寿命长，但是磷酸铁锂离子蓄电池组的使用寿命较短，这就是由于单体蓄电池之间的不一致性，导致蓄电池组寿命大大缩短，一般在500次左右。

(3) 低温性能差　磷酸铁锂离子蓄电池在低温下放电电流较小，放电截止电压低，设备很难起动，是限制其应用的一个重要因素。

(4) 正极的振实密度小　磷酸铁锂离子蓄电池的振实密度和压实密度很低，导致其能量密度较低，体积比其他锂离子蓄电池更大。

(5) 导电性能差　磷酸铁锂离子蓄电池的锂离子扩散速度较慢，高倍率充放电时，充放电电量会比实际容量小。

二、动力蓄电池性能的常用指标

(1) 理论容量　假设活性物质完全被利用，蓄电池可释放的容量值称为理论容量。即把电池基板上的活性物质的质量，按法拉第定律计算得到的最高理论容量值。同样尺寸的极板，采用的活性物质不同，最大的理论容量不相同；同样的活性物质，极板尺寸大，活性物质越多，理论容量就越大。

(2) 可用容量　可用容量即在规定条件下，从完全充电的蓄电池中释放的容量值。用放电电流与放电时间的乘积表示，单位为安时（A·h）或毫安时（mA·h），其值小于理论容量。

(3) 额定容量　额定容量是在规定条件下测得的并由制造商标明的电池容量值。

(4) 蓄电池的内阻　蓄电池中电解质、正负极群、隔膜等电阻的总和称为蓄电池的内阻。蓄电池的内阻不是常数，在放电过程中随时间不断变化，因为活性物质的组成、电解液浓度和温度都在不断的变化。

(5) 充电截止（终止）电压　充电截止（终止）电压是蓄电池正常充电时允许达到的最高电压。蓄电池充电时不宜继续再充的电压，此时认为充满电了。

(6) 放电截止（终止）电压　放电截止（终止）电压是蓄电池正常放电时允许达到的最低电压。蓄电池放电时，电压下降到不宜再继续放电的最低工作电压值。

(7) 负载电压　负载电压是蓄电池接上负载后处于放电状态下的端电压。

(8) 放电电流　放电电流是放电时蓄电池输出的电流。

(9) 使用寿命　描述动力蓄电池可使用时间的通用术语，可以表示为工作循环数或时间。

(10) 循环寿命　在指定的充放电终止条件下，以特定的充放电制度进行充放电，动力蓄电池在不能满足寿命终止标准前所能进行的循环数。

三、动力蓄电池运输要求

1）动力蓄电池报废后要根据其种类，用符合国家标准的专门容器分类收集运输。

2）对储存、装运动力蓄电池的容器应根据动力蓄电池的特性而设计，不易破损、变形，其所用材料能有效地防止渗漏、扩散。

3）装有废旧动力蓄电池的容器必须贴有国家标准所要求的分类标识。

4）在废旧动力蓄电池的包装运输前和运输过程中应保证其结构完整，不得将废旧动力蓄电池破碎、粉碎，以防止动力蓄电池中有害成分的泄漏污染。

四、动力蓄电池储存要求

1）禁止将废旧动力蓄电池堆放在露天场地，避免废旧动力蓄电池遭受雨淋水浸。

2）批量废弃锂离子蓄电池储存，储存设施所使用的容器应确保满足其储存要求，保证废弃锂离子蓄电池的外壳完整，排除对环境造成不利影响，建立安全管理和出现危险时的应急机制。

3）储存于通风良好的干净环境。

4）不可放置于阳光直晒区域。

5）必须平放于包装箱内。

6）勿摔落蓄电池系统并避免表面撞击。

五、动力蓄电池污染防治

1）锂离子蓄电池的收集、运输、拆解、再生冶炼等活动要严格遵守以上要求。

2）锂离子蓄电池应当进行回收利用，禁止用其他办法进行处置。

3）锂离子蓄电池应当按照危险废物进行管理。

4）锂离子蓄电池在收集、运输过程中应当保持外壳的完整，防止发生液体泄漏对环境的污染。

1）新能源汽车电源系统分为主电源和辅助电源。主电源为驱动汽车行驶的高压电源也就是动力蓄电池；辅助电源是为车载各种仪表、控制系统提供的直流低压电源。

2）动力蓄电池系统的功用主要是为车辆行驶提供动力，检测计算电量，检测温度、电压、湿度，检测漏电等异常情况并发出警报，控制充放电，控制预充电，系统自检等。

任务分析

根据故障现象分析，判断这辆车的动力蓄电池出现了故障，需要对动力蓄电池系统进行检修，本任务需要认识新能源汽车电源系统的组成部件，锻炼了学生对动力蓄电池认知的能力。

1. 填空题

1）新能源汽车的电源分为_____和_____。

笔记栏

2）动力蓄电池模块放置在一个_____的动力蓄电池箱内，动力蓄电池系统使用可靠的_____与整车进行连接。

3）新能源汽车动力蓄电池系统主要由_____、_____、_____及_____等几大部分组成。

2. 判断题

1）由于采用动力蓄电池供电，新能源汽车的仪表、控制系统也使用高压电源。（　　）

2）PDU 就是英文 Power Distribute Unit 的首字母的缩写，中文意思就是电力分配单元。（　　）

3）蓄电池管理系统由硬件和软件两部分组成，硬件主要由主板、从板及高压盒，还包括采集电压线、电流、温度等数据的电子器件组成。（　　）

3. 不定项选择题

1）新能源车上使用动力蓄电池电力的模块主要有_____。

A. 直流转化模块（DC/DC 变换器）

B. 电机控制模块（MCU）

C. 电动空调压缩机（EAS）

D. PTC 电阻加热器

2）动力蓄电池系统的功用主要是_____和控制充放电，控制预充电，系统自检等。

A. 为车辆行驶提供动力

B. 检测计算电量

C. 检测温度、电压、湿度

D. 检测漏电

任务 2　新能源汽车电源系统的检修

 任务情境

任务描述

一辆比亚迪 E5 新能源汽车，进厂报修时的故障现象：仪表显示动力蓄电池故障，系统故障灯点亮。你的主管把检修的任务安排给你，你能完成这个任务吗？

任务提示

根据故障现象分析，判断这辆车的动力蓄电池出现了故障，需要对动力蓄电池系统进行检修，这个工作任务需要正确使用多种工具，并正确进行操作。

任务目标

知识目标

1. 能描述动力蓄电池系统安全指南。
2. 能描述故障分级。
3. 能描述动力蓄电池性能检测。

能力目标

1. 能进行蓄电池管理系统电源电路检查。
2. 能进行蓄电池管理系统唤醒信号检查。

必备知识

一、动力蓄电池系统安全指南

1）非专业维修人员绝对不要自行拆卸、调整、安装动力蓄电池系统。

2）不要触摸动力蓄电池系统的正负极母线。

3）由于动力蓄电池系统安装在汽车底部，所以驾驶过程中请注意路面状况，不要让不平的路面或路面障碍物挤压、撞击动力蓄电池。

4）由于动力蓄电池重量较大，所以请不要使用扳手或其他工具松动动力蓄电池系统的紧固螺钉。动力蓄电池实物如图 1-14 所示。

图 1-14 动力蓄电池实物

二、故障分级

根据故障对整车的影响可划分为一级故障、二级故障和三级故障三个等级。

1. 一级故障（非常严重）

动力蓄电池上报该故障一段时间后会造成整车出现安全事故，如起火、爆炸、触电等，动力蓄电池在正常工作下不会上报该故障，蓄电池管理系统一旦上报该故障表明动力蓄电池处于严重滥用状态。

2. 二级故障（严重）

动力蓄电池上报该故障会造成整车进入跛行、暂时停止能量回馈、停止充电，动力蓄电池正常工作下不会上报该故障，蓄电池管理系统一旦上报该故障表明动力蓄电池某些硬件出现故障或动力蓄电池处于非正常工作的条件下。

3. 三级故障（轻微）

动力蓄电池上报该故障对整车无影响或不同程度的造成整车进入限功率行驶状态，动力蓄电池正常工作下可能上报该故障，蓄电池管理系统一旦上报该故障表明动力蓄电池处于极限环境温度下或单体蓄电池一致性出现一定劣化等。

三、动力蓄电池性能检测

1. 外观及尺寸的检查

检查动力蓄电池外观，不得有变形及裂纹，表面应平整、无外伤、无污物等，且标志清晰。直观检查动力蓄电池紧固螺栓是否有松动，接头是否脱落、松动、极柱是否氧化，表面是否脏污、各高压导线有否损坏等现象，如有应予排除。目测检查电池包壳体是否破损或变形、裂纹，密封法兰是否完整，外部有否漏液，如有应更换壳体或蓄电池组。

2. 单体蓄电池电压的测量

将万用表旋钮旋转到直流电压档，万用表两表笔分别接单体蓄电池的正、负极，测得电压值。

3. 动力蓄电池模块电压的测量

将万用表旋钮旋转到直流电压档，万用表两表笔分别接动力蓄电池模块的正、负极线束端子，测得电压值。

4. 动力蓄电池电压的测量

将万用表旋钮旋转到直流电压档，万用表红黑表笔分别接动力蓄电池的主正继电器和主负继电器前的动力蓄电池线束。

5. 单体蓄电池内阻的测量

使用内阻测试仪测量单体蓄电池内阻时，将内阻测试档调到 20V/2000mΩ，内阻测试仪的红黑表笔分别接单体蓄电池的正极和负极，测出内阻值，并对测出的故障单体蓄电池内阻值和正常的单体蓄电池内阻值进行对比。

6. 动力蓄电池模块均衡充放电

使用均衡测试仪对动力蓄电池模块进行均衡充电，将均衡测试仪测试连接口与模块采样线插头相连，打开测试仪开关，在均衡测试仪操作界面选中模块内有故障的单体蓄电池，对其设置充电电压为 3.7V，设定电压不可超过额定电压 4.1V。

7. 动力蓄电池绝缘测量

断开动力蓄电池与高压盒的连接线束，确认动力蓄电池正、负继电器处于断开状态，并用放电工具对动力蓄电池及车辆高压端子进行放电后，分别用绝缘表测量动力蓄电池正、负极对车身的绝缘值。

四、动力蓄电池故障在仪表上的显示

动力蓄电池故障在仪表上会有显示。关于动力蓄电池的故障，仪表上只显示动力蓄电池故障、动力蓄电池绝缘故障及动力蓄电池系统断开三种故障信息。在仪表上显示的故障指示灯及含义见表 1-2。

五、吉利帝豪 EV450 高压配电系统

该车有一套高压供电系统，主要包括以下部件：分线盒、直流充电接口、交流充电接口、直流母线、驱动电机三相线。高压供电系统由动力蓄电池为电机控制器、驱动电机、电动压缩机、PTC 加热器等高压部件提供能量。此外动力蓄电池还有一套直流快充充电系统和一套交流

慢充充电系统。这些所有的高压部件都由高压配电系统连接输送电能。

表1-2 在仪表上显示的故障指示灯及含义

名 称	显 示	颜色	故障含义
系统警告故障灯	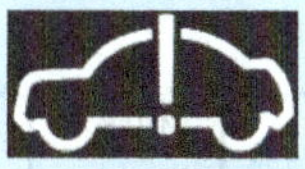	黄色	与其他故障灯一同亮起,表示动力系统故障。单独亮起,代表系统总线通信出现故障,需及时维修
动力蓄电池电量不足指示灯		黄色	动力蓄电池电量低于30%时候,该指示灯亮起。表示动力蓄电池电量不足,可能不能满足行驶里程的需求。这个时候,就需要及时充电了,当动力蓄电池电量高于35%时,故障灯就会熄灭
动力蓄电池切断故障指示灯		黄色	动力蓄电池不能提供动力来源,蓄电池动力已切断,需及时维修
动力蓄电池故障指示灯	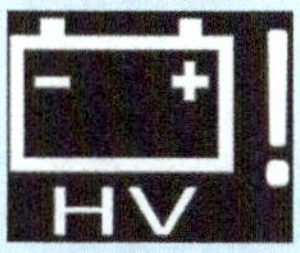	红色	动力蓄电池可能存在故障,慢速行驶及时维修,如果能够感觉到明显的故障,最好不要行车,申请救援
动力蓄电池绝缘电阻低指示灯		红色	表示动力蓄电池绝缘性能降低,很多时候都是长时间淋雨造成的,静放几天等车辆干燥了或许能好,如不能,则需维修
动力蓄电池过热警告灯		红色	说明动力蓄电池过热,此时最好不要继续行驶,应该靠边停车,等待动力蓄电池冷却,待动力蓄电池冷却故障灯熄灭后再行驶
驱动电机及电机控制器过热指示灯	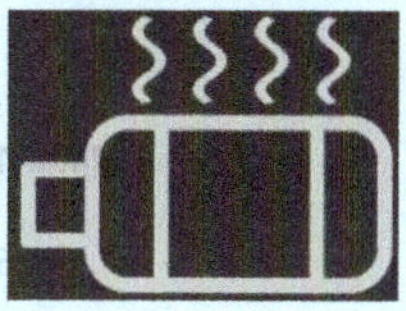	红色	表示汽车驱动电机及电机控制器过热,需要靠边停车,自然冷却。如果故障灯熄灭可继续行驶,如故障灯不熄灭或者频繁亮起,表明需要检查、维修

小提示

所有高压线缆均为橙色,车辆上电时不要触碰这些线缆和部件,高压线缆接插件拔出后,立即用绝缘胶带包裹。

吉利帝豪EV450高压配电系统原理如图1-15所示。

六、吉利帝豪EV450动力蓄电池的规格

1)紧固件规格见表1-3。

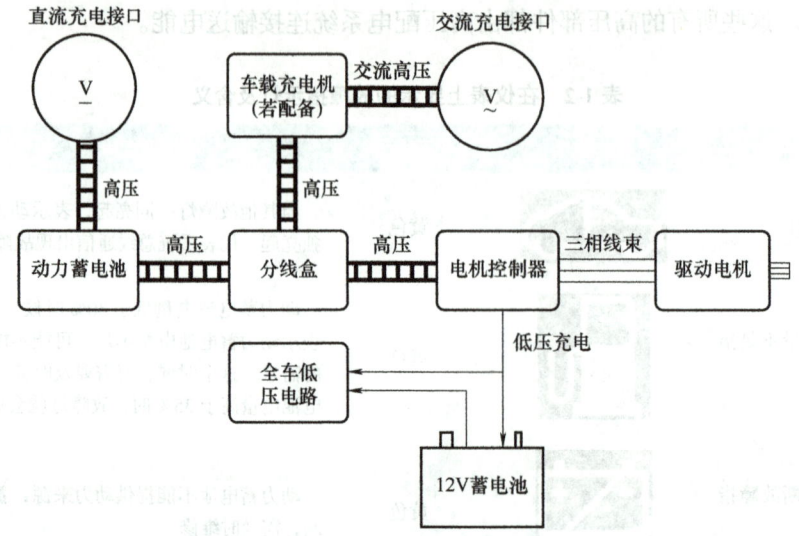

图 1-15 吉利帝豪 EV450 高压配电系统原理

表 1-3 紧固件规格

应 用	规 格	力矩范围 米制/(N·m)	力矩范围 英制/(lbf·ft)
动力蓄电池总成与车身固定螺栓	M10×30	68~88	50.2~64.9

2）动力蓄电池（风冷）规格参数见表 1-4。

表 1-4 动力蓄电池（风冷）规格参数

项 目	形式与参数
蓄电池种类	三元锂离子动力蓄电池
峰值功率 /kW	150kW，持续 10s
额定功率 /kW	50
蓄电池组工作电压范围 /V	274.4~411.6
蓄电池容量 /(A·h)	126

3）动力蓄电池（水冷）规格参数见表 1-5。

表 1-5 动力蓄电池（水冷）规格参数

项 目	形式与参数
蓄电池种类	三元锂离子动力蓄电池
蓄电池组额定电压 /V	346
峰值功率 /kW	150kW，持续 10s
额定功率 /kW	50
蓄电池组工作电压范围 /V	266~394.3
蓄电池容量 /(A·h)	120

七、吉利纯电动汽车安全操作规定

1）操作人员必须通过企业高压作业专项培训并获得资格认证。
2）操作人员体内如植入有电子医疗装置可能会影响其功能。
3）操作人员必须严格遵守"双人作业"安全规范。
4）操作人员必须严格遵守"单手操作"安全规范。
5）操作人员必须严格按照作业要求有效佩戴绝缘护具。
6）操作人员必须严格按照作业要求正确使用绝缘工具。
7）操作人员必须严格按照作业要求检查确认维修场地。
8）操作人员必须严格遵守车辆使用要求和维修规范。

八、吉利帝豪 EV450 断电流程

1）关闭起动开关并妥善保管钥匙。
2）断开辅助蓄电池负极并防护。
3）检查并佩戴有效绝缘手套。
4）断开直流母线插接器并防护。
5）静置等待 5min 以上。
6）检测高压系统漏电电压应 ≤ 50V。
7）检测高压系统切断电压应 ≤ 5V。
8）遮盖或阻隔相邻部件（区域）。

任务实施

一、准备工作

（1）**防护装备**　隔离栏、警示牌、绝缘手套、护目镜、安全帽和绝缘鞋。
（2）**实训车辆**　比亚迪 E5 新能源汽车等。
（3）**工具设备**　预紧式扭力扳手、棘轮扳手、短接杆、套筒等。
（4）**辅助资料**　汽车维修手册、教材等。

二、实施步骤

1. 动力蓄电池的拆卸

（1）**断开维修开关**

1）打开车辆内室储物盒，并取出内部物品。
2）取出储物盒底部隔板。
3）使用十字螺丝刀将安装盖板螺钉拧下，并掀开盖板。
4）取出维修开关上盖板。
5）拉动维修开关手柄呈竖直状态，向上提拉，取出维修开关。
6）使用电工绝缘胶布封住维修开关接插件母端。

（2）拆卸后排座椅

1）取下后排座椅两侧螺钉盖板。

2）拆下座椅折弯处螺钉（21mm）。

3）同时拉动座椅两侧弯折处黑色拉绳，并将座椅靠背前倾，取出座椅靠背。

4）拆掉座椅安全带后缝隙处螺钉（10mm）并取出座椅。

5）卸掉座椅横梁固定螺钉以及安全带固定螺钉。

6）取出横梁。

（3）拆卸动力连接线

1）打开行李舱，取出物品。

2）拆卸高压配电箱保护盖板固定螺钉（10mm）。

3）拔掉高压配电箱保护盖板上的信号连接线接口。

4）取出高压配电箱保护盖板。

5）取掉正负极接插件的红色卡扣，轻提黑色卡扣，听到"咔"声响后，拔掉接插件。

6）拆掉正负极引出固定板，并使用保护盖或电工绝缘胶布对正负极引出进行防护。

（4）拆卸采样信号线

1）拧下采样信号线盖板螺钉（10mm）并取下盖板。

2）旋转采样信号线接插件卡扣。

3）取下采样信号线接插件。

（5）拆卸底部螺钉

1）用举升机支撑端对准车架横梁提升举起车辆。

2）拆卸车头防撞梁固定螺钉（17mm）。

3）取掉防撞梁。

4）调整车辆高度，将升降平台车或简易支架车放置。

5）用升降平台顶住动力蓄电池。

6）拆卸动力蓄电池底部固定螺钉（18mm，共13个）。

7）提升车辆高度，并将动力蓄电池拉出。

2. 动力蓄电池的安装

按照拆卸相反顺序进行动力蓄电池的安装。

 知识拓展

一、动力蓄电池使用注意事项

1）汽车上坡、下坡、拐弯时应当减速，防止过大的加速度影响蓄电池箱体。

2）汽车不宜在积水较深的路面上行驶（水面抵达动力蓄电池系统底部），洗车时也要注意尽量不要将水枪喷头对着动力蓄电池系统喷射。

3）如果发现动力蓄电池系统表面出现划痕、掉漆等现象，应该及时补漆，做好表面防护，防止动力蓄电池系统箱体被长期腐蚀而影响强度。

4）如果汽车驾驶过程中发生正撞、侧撞、追尾或侧翻等事故，不管动力蓄电池系统从表观上看有无损坏，应与专业维修人员联系。

5）如果汽车落水或者被水浸泡，不要擅自处理。

二、锂离子蓄电池的工作原理

锂离子蓄电池的工作原理就是指其充放电原理：当对蓄电池进行充电时，蓄电池的正极上有锂离子脱出，脱出的锂离子经过电解液运动到负极。而作为负极的碳呈层状结构，它有很多微孔，到达负极的锂离子就嵌入到碳层的微孔中，嵌入的锂离子越多，充电容量越高，放电则正好相反，从中不难看出，在锂离子蓄电池的充放电过程中，锂离子处于从正极→负极→正极的运动状态。

学习小结

1）非专业维修人员绝对不要自行拆卸、调整、安装动力蓄电池系统。
2）检查动力蓄电池外观，不得有变形及裂纹，表面应平整、无外伤、无污物等，且标志清晰。
3）关于动力蓄电池的故障，仪表上只显示动力蓄电池故障、动力蓄电池绝缘故障及动力蓄电池系统断开 3 种故障信息。

任务分析

根据故障现象分析，判断这辆车的动力蓄电池出现了故障，需要对动力蓄电池电路系统进行检测，这个工作任务需要正确使用多种工具和量具，并正确进行操作，锻炼了学生动力蓄电池电路检测的能力。

自我评估

1. 填空题
1）根据故障对整车的影响可划分为_____、_____和_____ 3 个等级。
2）检查动力蓄电池外观，不得有_____及_____，表面应_____、无外伤、无污物等。
3）使用内阻测试仪测量单体蓄电池内阻时，将内阻测试档调到_____，内阻测试仪的红黑表笔分别接单体蓄电池的_____和_____。

2. 判断题
1）非专业维修人员绝对不要自行拆卸、调整、安装动力蓄电池系统。（   ）
2）由于动力蓄电池重量较大，所以请不要使用扳手或其他工具松动动力蓄电池系统紧固螺钉。（   ）
3）动力蓄电池系统的容量＝单体电芯容量×单体电芯并联数量。（   ）

3. 不定项选择题
1）关于动力蓄电池的故障，仪表上只显示_____三种故障信息。
A. 动力蓄电池故障

B. 动力蓄电池绝缘故障

C. 动力蓄电池系统断开

D. DC/DC 变换器与蓄电池连接电路故障

2) 对于一级故障（非常严重），动力蓄电池上报该故障一段时间后会造成整车出现安全事故，如_____。

A. 起火

B. 爆炸

C. 触电

D. 跛行

项目二 02 新能源汽车充电系统

本项目主要学习新能源汽车充电系统，分为两个工作任务：任务1 新能源汽车充电系统的认知；任务2 新能源汽车充电系统的检修。通过两个工作任务的学习，能够描述新能源汽车充电系统的组成及类型，能对新能源汽车充电系统故障进行分析。

任务1 新能源汽车充电系统的认知

 **任务情境**

任务描述

你作为一名新能源汽车销售顾问，客户需要你向她介绍日常充电的方式以及快充电和慢充电的利弊，以便客户更好地了解自己的爱车，你能完成这个任务吗？

任务提示

根据任务，需要掌握新能源汽车充电系统的基本术语、充电系统的组成等相关知识。

 **任务目标**

知识目标

1. 能描述充电系统的基本术语。
2. 能描述新能源汽车充电系统的作用。
3. 能描述充电系统的组成。

笔记栏

能力目标
1. 能正确给新能源汽车充电。
2. 能正确指出充电机的安装位置。
3. 能正确指出高压控制盒的安装位置。
4. 能正确指出高压控制盒主熔断器的安装位置。

 必备知识

一、新能源汽车充电系统的发展历史

19 世纪初，随着二次电池的研究成功，与之相配套的充电系统应运而生。这种充电系统采用常规充电法，即用小电流、长时间对蓄电池进行充电。这种充电方式由于充电时间太长，不能满足新能源汽车等要求快速充电的需求。国内外广泛开展了快速充电系统的研究。快速充电系统的产生大致经历了三个发展阶段。

1. 摸索阶段

19 世纪 50 年代，美国由于军事上的需要，开始研究快速充电技术，制成了金属整流器型快速充电系统，用于 6~24V 铅酸蓄电池的快速充电，其重量为 40kg，有快、中、慢三种充电模式。

2. 理论研究阶段

1967 年，美国人马斯（Mas）研究了充电过程中产生气泡的问题，发现出气的原因和规律，以最低出气率为前提，找出了蓄电池能够接受的最大充电电流和可以接受的充电电流曲线，对蓄电池快速充电的理论进行了探讨，并在实践的基础上，提出了蓄电池快速充电的一些基本规律。

3. 实际应用阶段

1970 年，美国麦卡洛克电子公司制成了铅酸蓄电池快速充电系统，对容量为 190A·h 的蓄电池施以 500A 的电流充电，而以 1200A 的电流短时间放电去极化处理，结果 30min 就把蓄电池充好电了。除美国外，其他如日本、英国、法国、德国等国家也在快速充电技术方面有不同程度的发展。

目前，新能源汽车的动力蓄电池在使用过程中，由于受蓄电池能量和端电压的限制，需要采用多块蓄电池进行串联组合，而由于动力蓄电池特性的高度非线性，单体蓄电池差别非常大，为此蓄电池管理系统成为新能源汽车的必备装置。蓄电池管理系统最基本的功能是监控动力蓄电池的工作状态（蓄电池的电压、电流和温度）、预测动力蓄电池的电池容量（SOC），进行蓄电池管理以避免出现过放电、过充电、过热和单体蓄电池之间电压严重不平衡现象，最大限度地利用动力蓄电池存储能力和循环寿命。

二、新能源汽车充电技术概况

新能源汽车，特别是纯电动汽车的充电技术，最关键的问题是如何能实现高效率的快速充电。这关系到充电器的容量和性能、电网的承载能力和动力蓄电池的承受能力等。随着动力蓄电池本身的充放电速度的不断提高，充电系统的性能也在不断地改进，以满足在多种不同的应用情况下的快速充电需求。由于电力的储运和使用比汽油方便得多，充电设备的建造也呈现出

多样性和灵活性，既可以为集中式的充电站，也可以设置在马路边、停车场、购物中心等任何方便停车的地方。除了固定充电装置以外，新能源汽车还带有车载充电器，可以在夜间从家里的市电插座进行充电，甚至还可以在用电高峰期把电力逆变后返送回电网。目前，根据不同的汽车动力蓄电池电压和容量、充电速度要求以及电网供电容量等因素的考量，固定充电器的容量一般在 15~100kW 的范围内，输出电压一般为 50~500V。车载充电器容量约 3kW。

目前，世界各国都在研究新能源汽车的快速充电技术。欧洲已研发出 10min 充电可行驶 100km 的快速充电系统。美国也已经研发出了 6min 充电可以行驶 100km 的超快速充电系统。这些系统都采用国际通用的快速充电标准接口，输入电源可以用交流电，也可以用直流电。

由于快速充电系统需要强大的瞬时功率，所以在快速充电设施中电网的承载能力是一个关键的制约因素。如果想要把充电速度进一步提高，从普通电网直接供电基本上不可能。为了解决这个矛盾，技术人员正着手研发新一代带有储能缓冲环节的超快速充电系统。这项技术目前还处于早期发展阶段，但已经有示范系统展示。汽车在行驶中充电叫作在线充电，这也是技术人员将要研究和开发的技术之一。这种技术一旦实施，车载的动力蓄电池容量将可以降低。随着新能源汽车市场的迅速发展，这些技术一定会得到广泛的应用并产生巨大的经济效益。

近年来，新能源汽车充电技术取得了长足的进步，充电方式的分类化使充电设施的设计针对性更强、指标更明确，为动力蓄电池的安全充电提供了准则保障；充电电源各器件运行环境的高频化提高了主功率变换器件的开关速度、工作效率，减小磁性变压器和电容器的体积、重量等；功率变换器的集成化使系统控制、驱动、保护、检测以及后级功率放大集成为一体，减小了能量的传输损耗，减轻了系统的重量，促进了系统智能化的发展；控制系统的智能化加大了充电判断的精确度，促进了充电系统工作效率的提高等。

三、充电系统基本术语

1. 交流充电（AC Charging）

交流充电是指通过交流电对带充电系统的新能源汽车的动力蓄电池组充电。进行交流充电时，车辆的车载充电器必须将交流电整流成直流电，并调节充电电压，使其符合动力蓄电池组的要求，如图 2-1 所示。

2. 直流充电（DC Charging）

直流充电是指通过直流电对带充电系统的新能源汽车的动力蓄电池组充电。进行直流充电时，直流电被输送到动力蓄电池组，由充电桩来调整动力蓄电池组的充电电压，如图 2-2 所示。

3. 充电器（Charger）

充电器是指将电气设备或其他电能供应设备输出的交流电转变成直流充电电流的设备，如图 2-3 所示。车载充电器安装在车辆上，而非车载充电器则是 EVSE（电动汽车供电设备）的一部分。

4. 充电插头（Charge Connector）

充电插头即充电枪，可以插入汽车充电端口对动力蓄电池组充电，如图 2-4 所示。在北美地区，一级和二级充电插头遵循 SAE 标准 J1772，该标准规定了充电插头的形状、电路和通信协议。

5. 充电口或充电插口（Charging Port 或 Charging Socket）

充电口或充电插口是指安装在纯电动汽车及插电式混合动力汽车上的电气插座，通常位于

图 2-1　交流充电桩

保护盖后面。充电口或充电插口的技术标准必须与插入车辆的充电插头一致，才能进行充电，如图 2-5 所示。

图 2-2　直流充电桩

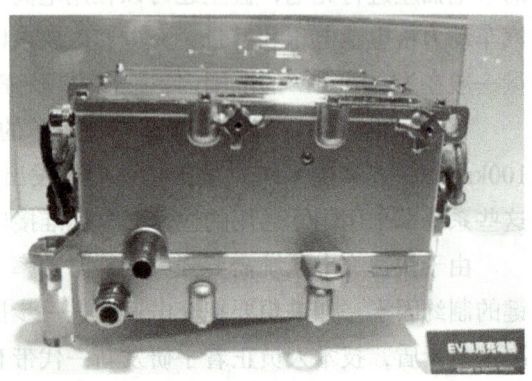

图 2-3　车载充电器

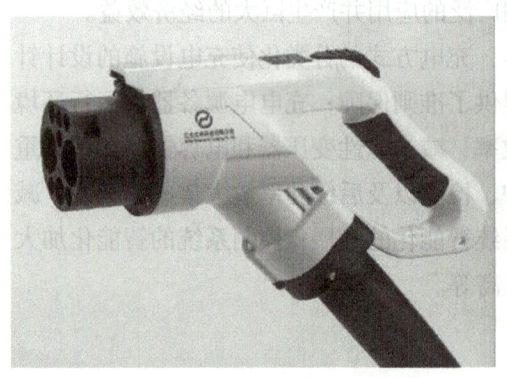

图 2-4　充电插头

图 2-5　充电口

6. 充电电缆（Charging Cable）

充电电缆是一种交流充电的便携式充电装置，其一端插入车辆，另一端插入 220V 墙壁插座，如图 2-6 所示。

7. 充电桩（Charging Station）

充电桩是一种用来将电能输送到插电式混合动力汽车或纯电动汽车的固定设备，通常安装在家庭车库、工作地点、停车位置或公共区域。如图 2-7 所示。

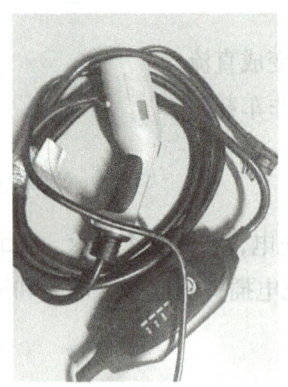

图 2-6　充电电缆

图 2-7　充电桩

四、常用充电方法

在日常，人们使用新能源汽车时一般采用的有恒流充电方式或恒压充电方式，在实际生产应用实践中，经过大量的实践后人们一步步对其进行改进，研究开发了许多不同的充电方式。接下来介绍目前常采用的一些充电方法，在如下的充电电路图中，用虚线表示充电电流的大小，用实线表示充电电压的大小。

1. 恒压充电方式

恒压充电是人们最常采用的充电方式，在日常使用中也是最广泛使用的。开始时，设定一个电压指示值，该电压不大于动力蓄电池所能承受的最大电压且与其他电压值相比充电耗时短，当与电源接通后，动力蓄电池开始充电，充电电流随充电时间的增加渐渐减小；当充电电流小于一定值后，认为动力蓄电池充满电，此时充电过程结束，充电曲线如图2-8所示。

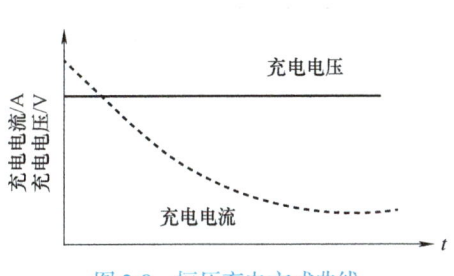

图2-8 恒压充电方式曲线

> **小知识**
>
> 控制简单、易于操作实现是恒压充电方式的最大特点，但往往待充电动力蓄电池的初始电压值与期望电压值差别很大，充电初期，充电电流就会很大，过大的电流容易使动力蓄电池出现迅速变热的现象，极容易烧坏动力蓄电池，酿成事故；当动力蓄电池深度放电时，若一开始就过大电流给动力蓄电池充电往往会造成动力蓄电池极化现象的产生，反而影响充电速度，严重时还会对动力蓄电池造成很大的伤害。所以一般在充电开始阶段，要施行对充电电流进行保护的措施，限制电流的值，让动力蓄电池始终在一个可接受的电流范围内充电。

2. 恒流充电方式

恒流充电方式也是人们常采用的方法之一。一开始充电系统以一定的恒定的电流为动力蓄电池充电，该电流保持在动力蓄电池可接受的范围内，当控制系统检测将要充满电时，改用恒定的小电流为其充电，进入所谓的浮充阶段，浮充的作用是用来充足剩余的电量和补偿动力蓄电池的自放电，当充电电压达到动力蓄电池的额定电压时，停止充电。该种充电方式避免了恒压充电电流过大的问题，电流始终被限制在动力蓄电池组可接受的范围内，但由于电流始终恒定，无形中延长了充电所需的时间，充电曲线如图2-9所示。

3. 恒流恒压充电方式

恒流恒压充电方式结合了恒压与恒流充电方式的优点，起始段采用恒定的电流给动力蓄电池充电，当控制系统检测充电电压或者电量达到一定程度后改用恒定的电压给动力蓄电池充电，直至控制系统检测充电电流很小时，结束充电，实际中也常采用该种充电方法，充电曲线如图2-10所示。

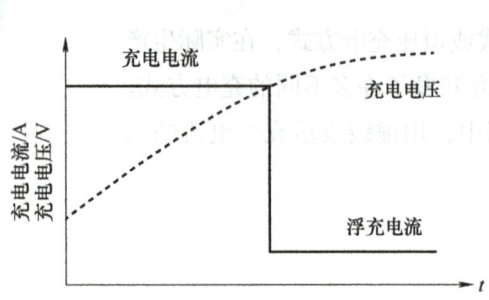

图 2-9　恒流充电方式曲线　　　　　　　图 2-10　恒流恒压充电方式曲线

笔记栏

小知识

以上介绍的 3 种方法，它们的特点是充电电压电流是连续的，没有间断的，它们共同的问题是不间断的充电电流没有给动力蓄电池休息的时间以去除极化现象的影响，导致动力蓄电池极化现象的产生，容易使动力蓄电池过热，从而损害动力蓄电池、影响动力蓄电池的使用寿命。因此人们一直在寻找一种充电方法可以减少甚至避免动力蓄电池极化现象的产生，这样充电速度就可以得到很大的提高、效率就会得到明显的改善。下面介绍的两种充电方法，采用的是不连续的充电电流的充电方法，可以解决极化现象，真正地加快充电速度和加长动力蓄电池的使用寿命。一系列研究实验表明这样的充电策略能够得到很好的充电效果，有效地减少或消除极化现象的产生，使动力蓄电池始终保持很高的充电速度与充电效率，大大挖掘出动力蓄电池的优良性能。

4. 脉冲充电方式

脉冲充电方式采用脉冲充电间歇为动力蓄电池提供充足的休息时间，让动力蓄电池内部的反应物充分的中和，能够有效地减少和消除极化现象的产生，防止充电过程中动力蓄电池过热。有了充足的充电休息时间，充电时就可以采用比较大的电流为动力蓄电池充电，也不用担心过大的电流造成极化现象影响充电速度。因此充电效率与充电时间都得到了很大的提升，也延缓了动力蓄电池的寿命。充电曲线如图 2-11 所示。

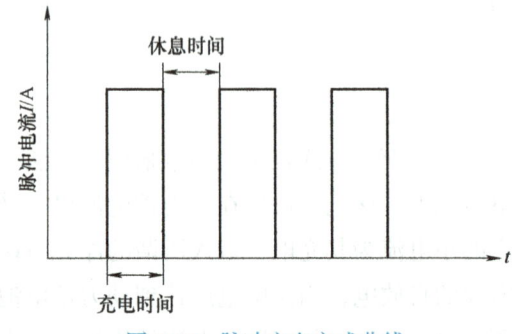

图 2-11　脉冲充电方式曲线

5. 正负脉冲充电方式

正负脉冲充电方式可以说是对脉冲充电方式的改进，在整个充电过程中动力蓄电池具有正脉冲充电、间歇休息和负脉冲放电三个阶段。首先充电控制系统给动力蓄电池较大电流的短暂的正脉冲充电，停止一段时间后，再对其进行比之前更大电流的脉冲放电，过后让动力蓄电池短暂的休息一段时间。对动力蓄电池短暂的脉冲放电是为了去除极化现象的产生，加快动力蓄电池内部的化学反应，从而使动力蓄电池一直保持较高的可接受充电电流，加快充电速度和提高效率，延缓动力蓄电池的寿命。这种去极化作用的充电方式可以有效地降低动力蓄电池内的温度,加快动力蓄电池化学反应的进行。表面上看损失了部分电能,但是这部分电能与过长时间充电造成的能量损失和损失的动力蓄电池使用寿命相比微不足道,充电曲线如图2-12所示。

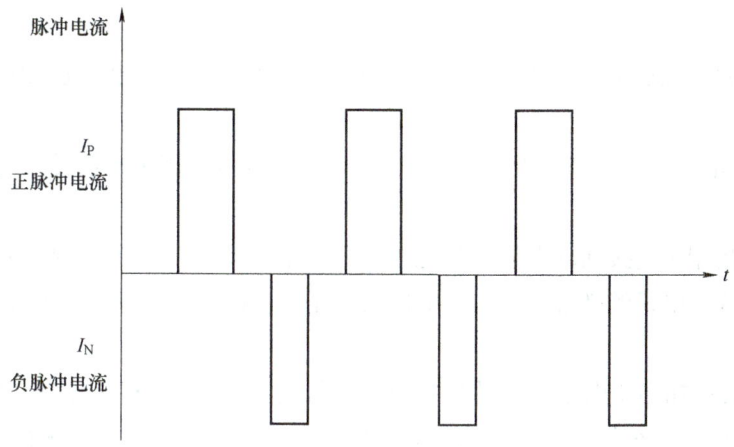

图2-12　正负脉冲充电方式曲线

五、新能源汽车充电系统的作用

新能源汽车充电系统能够给动力蓄电池及时补充能量,并能根据动力蓄电池电量情况和充电时的环境状态,及时地调整充电电流,如图2-13所示。

六、充电系统的组成

新能源汽车充电系统包含很多零部件,包括车载充电机、车载充电接口、DC/DC变换器及相关线束。车载充电机的主要功能是将交流220V市电转换为高压直流电给动力蓄电池进行充电,从而保证车辆正常行驶;车载充电接口是充电桩与车辆对接的唯一接口;DC/DC变换器的主要功能是将动力蓄电池高压电转换为12V低压电,供整车低压系统用电;主要相关的线束有高压线束、充电线束、充电线和前机舱线束(低压控制及低压供电)。

1. 车载充电机

车载充电机的主要功能是将交流220V市电转换为高压直流电给动力蓄电池进行充电,从而保证车辆正常行驶。同时车载充电机提供相应的保护功能,包括过电压、欠电压、过电流、欠电流等多种保护措施,当充电系统出现异常时会及时切断供电。车载充电机同时将内部故障信息通过CAN总线发送至网络,可以通过诊断仪或CAN卡读出相应的数据,如图2-14所示。

充电系统的作用

图2-13　新能源汽车充电

图2-14　车载充电机

车载充电机内部可分为主电路、控制电路、线束及标准件3部分。

1）主电路分成两部分，前端将交流电转换为恒定电压的直流电，主要是全桥电路+PFC电路。后端为DC/DC变换器，将前端转出的直流高压电变换为合适的电压及电流供给动力蓄电池。

2）控制电路是控制MOS管的开关，与BMS之间通信，监测充电机状态，与充电桩握手等功能。

3）线束及标准件的作用是用于主电路及控制电路的连接，固定元器件及电路板。

2. 车载充电接口

充电接口是指用于连接活动电缆和新能源汽车的充电部件，它由充电插座和充电插头两部分组成，是传导式充电机的必备设备，充电插头在充电过程中与充电插座进行结构耦合，从而实现电能的传输。

GB/T 20234.2—2015《电动汽车传导充电用连接装置第2部分：交流充电接口》和GB/T 20234.3—2023《电动汽车传导充电用连接装置第3部分：直流充电接口》两个国家标准，对充电接口进行了规范。

3. DC/DC变换器

DC/DC变换器相当于传统汽车的发电机，将动力蓄电池的高压电转为低压电给辅助蓄电池及低压系统供电。具有效率高、体积小、耐受恶劣工作环境等特点。

DC/DC变换器工作首先需要整车ON档上电或充电唤醒上电，然后动力蓄电池完成高压系统预充电流程，最后整车控制器VCU发给DC/DC变换器使能信号，DC/DC变换器开始工作，如图2-15所示。

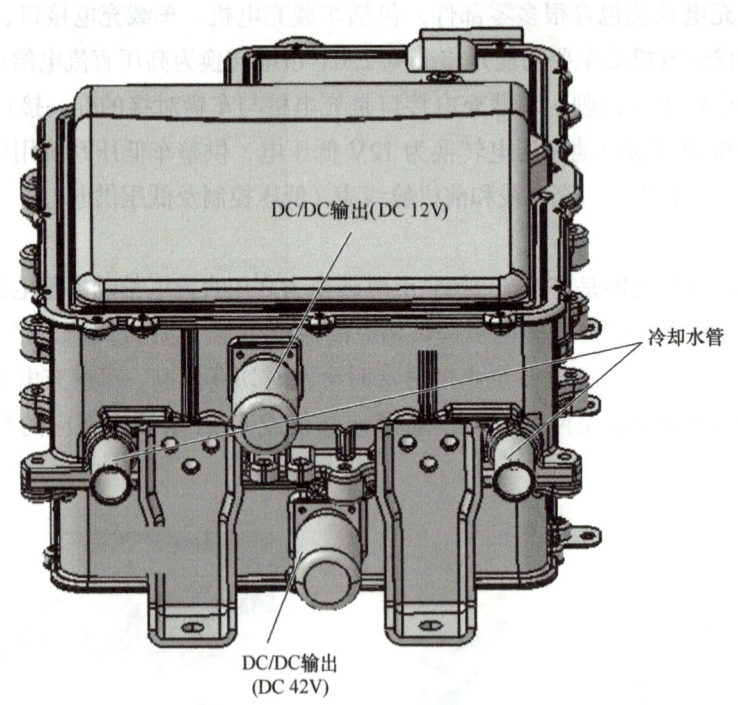

图2-15　DC/DC变换器

七、DC/DC变换器的功能与工作原理

DC/DC变换器是新能源汽车一个非常重要的部件，如图2-16所示。DC/DC变换器到底是

什么呢？将一个不受控的输入直流电压转换成为另一个受控的输出直流电压称之为 DC/DC 变换。目前，DC/DC 变换器在计算机、航空、航天、水下行器、汽车、通信及电视等领域得到了广泛的应用，同时这些应用也促进了 DC/DC 变换技术的进一步发展。

DC/DC 变换器在汽车上的应用可以这么理解，在传统的燃油汽车中，发动机上装有发电机来给车上的设备供电，那么新能源汽车里这个 DC/DC 变换器就是取代了传统燃油汽车中的发电机。

以下以比亚迪秦混合动力汽车为例，介绍 DC/DC 变换器的功能。比亚迪秦 DC/DC 变换器与驱动电机控制器安装在一起，如图 2-17 所示。

图 2-16　DC/DC 变换器实物

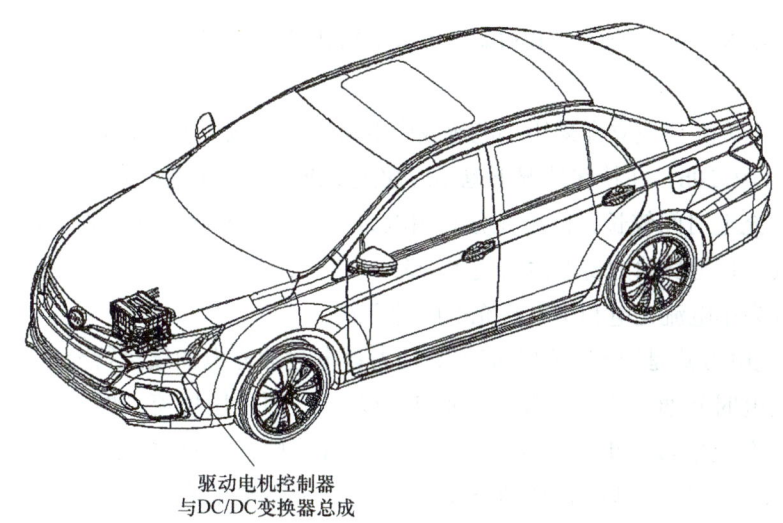

图 2-17　比亚迪秦 DC/DC 变换器位置（与驱动电机控制器一体）

1）在纯电模式下，DC/DC 变换器的功能替代了传统燃油汽车挂接在发动机上的 12V 发电机，和蓄电池并联给各用电器提供低压电源。DC/DC 变换器在高压（500V）输入端接触器吸合后便开始工作，输出电压标称值为 13.5V。

2）发动机原地起动，发电机发出 13.5V 直流电，经过 DC/DC 变换器升压转换成 500V 直流电给动力蓄电池充电。图 2-18 所示为 DC/DC 变换器的控制原理框图。

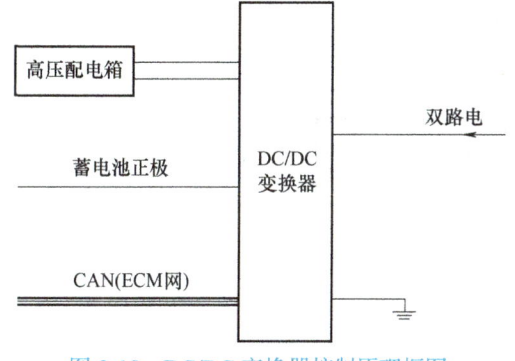

图 2-18　DC/DC 变换器控制原理框图

八、DC/DC 变换器的类型

目前，在新能源汽车里 DC/DC 变换器有高低压变换器、12V 电压稳定器和高压升压器三种类型。

1. 高低压变换器（辅助功率模块）

此模块的主要作用是取代传统燃油汽车的 12V 发电机。在混合动力车辆里，发动机输出

笔记栏

的动力直接驱动高压继电器直接给动力蓄电池系统补充电力，传统的12V的用电负荷就完全依靠高低压变换器供给，功率范围为1~2.2kW。

2. 12V电压稳定器

12V电压稳定器主要用在部分起停（Start-stop）系统中，可在起动中避免电压波动对一些敏感的负载造成影响或损坏，例如用户可见的负载、车内照明、收音机和显示屏等。电压稳定器的功率等级随着用电器负荷而定，一般是200~400W。

3. 高压升压器

为了提高动力系统的效率，选用一个升压器来提高逆变输入的电压，这个部件是动力总成的一部分，集成在动力总成中。如果采用锂离子蓄电池作为动力蓄电池，升压器是一个十分重要的部分。

九、新能源汽车的充电模式

目前主要有常规充电、快速充电和动力蓄电池组快速更换三种模式。

1. 常规充电方式

蓄电池在放电终止后应立即采用小电流或中电流以恒压或恒流方式充电，一般充电时间为5~8h，甚至长达10~20h，在特殊情况下也不应超过24h，这种充电称为常规充电（普通充电）。尽管常规充电的充电时间较长，但可充分利用电力低谷时段进行充电，从而降低了充电成本，并可提高充电效率和延长动力蓄电池的使用寿命，如图2-19所示。

常规充电分为小电流充电和中电流充电两种方式。

1）小电流充电方式是以较小的电流根据动力蓄电池的充电曲线进行充电，典型的充电电流约为15A，充电时间通常为8~10h（充到95%以上），因采用恒流、恒压充电方式对动力蓄电池充电，使整个充电过程更接近动力蓄电池的固有特性，可有效地避免动力蓄电池的过充电和欠充电问题。这种方式以比较低的充电电流为动力蓄电池充电，相关技术成熟可靠，充电机的工作和安装成本也比较低。小电流充电方式主要应用于家庭充电场合。这种充电方式对电网没有特殊要求，可直接从低压照明电路取电，充电功率小，一般为1~3kW，如图2-20所示。

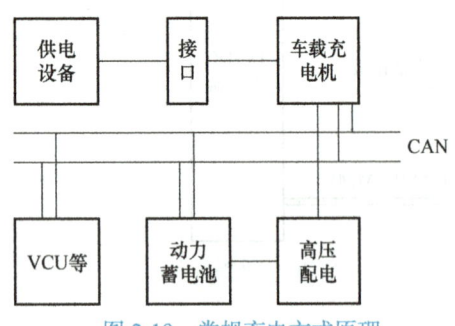

图2-19　常规充电方式原理

图2-20　小电流充电

2）中电流充电方式主要应用在购物中心、饭店门口、停车场等公共场所的小型充电站。小型充电站的充电电流为30~60A，充电功率一般为5~20kW，采用三相四线制380V供电或单相220V供电，计费方式是投币或刷卡，用户只需将车停靠在小型充电站指定的位置上，接上充电线即可开始充电。该方式的充电时间是：补电1~2h，充满5~8h（充到95%

以上）。在小型充电站使用中电流充电 1h，新能源汽车的行驶里程可增加 40km，如图 2-21 所示。

2. 快速充电

快速充电又称为应急充电，是在新能源汽车停车的 20min 至 2h 内，以较大电流为其提供短时间充电服务，一般充电电流为 150~400A。快速充电不同于常规充电所采用的恒流、恒压充电方式，而是以大电流对动力蓄电池进行恒流充电，力求在短时间内充入较大的电量，因此快速充电也可称为迅速充电，主要应用于大型充电站，或高速公路服务区内，如图 2-22 所示。

图 2-21　中电流充电

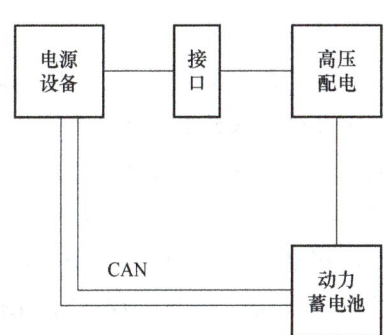

图 2-22　快速充电原理

3. 动力蓄电池组快速更换

动力蓄电池组快速更换是通过直接更换新能源汽车的动力蓄电池组来达到为其充电的目的。动力蓄电池组快速更换的时间与燃油汽车加油时间相近，需要 5~10min，快换可以在充电站、换电站完成，新能源汽车动力蓄电池不需现场充电，但是需要新能源汽车的车载动力蓄电池实现标准化，即动力蓄电池的外形、容量等参数完全统一，同时，还要求新能源汽车的构造设计能满足更换动力蓄电池的方便性、快捷性。由于动力蓄电池组重量较大，更换动力蓄电池的专业化要求较强，需配备专业人员借助专业机械来快速完成动力蓄电池组的更换。换电站的主要设备是动力蓄电池的拆卸、安装设备，如图 2-23 所示。

十、新能源汽车的充电方式

1. 传导式充电方式

传导式充电方式又称接触充电方式，接触充电方式通常采用传统的接触器控制，使用者把充电电源接头（插头）连接到汽车上（插座），即利用金属接触来导电，如图 2-24 所示。

图 2-23　动力蓄电池组快速更换

图 2-24　传导式充电方式

> 小知识
>
> 接触充电方式的最大优点是：技术成熟、工艺简单和成本低廉。
>
> 接触充电方式的缺点是：导体裸露在外面不安全，而且会因多次插拔操作，引起机械磨损，导致接触松动，不能有效传输电能。
>
> 接触式充电的最大问题在于它的安全性和通用性，为了使它满足严格的安全充电标准，必须在电路上采取许多措施使充电设备能够在各种环境下安全充电。

2. 无线充电方式

新能源汽车无线充电方式的研究目前主要集中在感应式充电方式，不需要接触即可实现充电。感应式充电方式是采用感应耦合方式充电，即充电电源和汽车接收装置之间不采用直接电接触的方式，而是采用由分离的高频变压器组合而成，通过感应耦合，无接触式传输能量，如图 2-25 所示。采用感应耦合方式充电，可以有效地解决接触式充电的缺点。

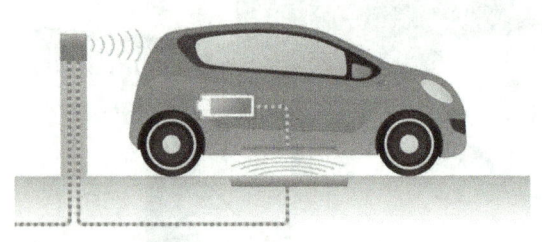

图 2-25　无线充电方式

> 小知识
>
> 感应充电的最大优点是安全，因为充电器与车辆之间并无直接的电接触，即使车辆在恶劣的气候下，如雨雪天，充电也无触电的危险。

十一、新能源汽车的充电需求

1. 公交车充电需求

公交车作为一种不间断运营车辆，需要在指定时间内不断行驶，根据我国公交车的运营情况，一般其每天行驶里程为 150~200km，且其载客量大，电能消耗较快。一般而言，新能源汽车晚上时段进行慢速充电，白天时段进行快速充电。

在上下班高峰段要求其能够实现短间隔发车，且受到交通情况限制，要求其单次运营持续较长时间。受到动力蓄电池容量、体积等的限制，公交车饱和充电一次不能够满足其用电需求，因此一天内至少要对公交车进行一次快速充电，每次快速充电花费时间大概为 2~3h。但是，基本所有的运营车辆都需要进行这种快速充电，且均在运营时间的中间时段，充电时间集中，不仅对充电网造成较大的冲击，也使得公交车运营时间缩短，在运营车辆数量减少，不能满足群众出行要求。现阶段有人提出公交车应该以换动力蓄电池为主，受到运营时间的限制，白天时段进行充电会影响运营效率，如果将充电改为换动力蓄电池，像传统加油站一样，可以极大地提高公交车的运营时间和效率。但是，车载动力蓄电池体积庞大，安装拆卸复杂，在动力蓄电池拆卸过程中极有可能造成汽车零部件的损坏，带来不必要的损失。

电动公交车需要一种充电时间短且可以在给定路段中进行动态充电（即在行驶过程中充

电）的充电系统。

2. 出租车充电需求

一般而言，出租车行驶时间较长，由两名驾驶人驾驶，通常两名驾驶人换班方式有两种：每 24h 进行一次换班或者每 12h 进行一次换班。每 24h 换班一次（大班轮换模式）的情况下，驾驶人可以在白天中午用餐时间进行一次快速充电，晚上睡觉时间进行一次常规充电。每 12h 换班一次（小班轮换模式）的情况下，驾驶人可以在中午用餐时间进行一次快速充电，晚上利用 2~3h 的时间进行一次快速充电。由此可见，平均一天，出租车需要花去 5h 左右的时间完成充电，充电次数至少为 2 次。目前，我国的出租新能源汽车以比亚迪公司纯电动汽车等车型为主，其额定行驶里程为 300km 左右，但是由于出租车一般在市区范围内行驶，实际的行驶里程达不到额定数值。即使一天两次充电也很难满足其行驶要求，这种情况下对出租车的运营效益等造成了极大的影响，因此迫切需要一种不影响运营时间的充电方式来改变这种现状。

3. 公务用车需求分析

公务用车一般而言只在上班执行公务期间行驶，且其行驶里程要求不高，每天需要一次完全充电即可满足工作要求，因此晚上可以进行常规充电或者慢速充电即可。

4. 私家车需求分析

私家车主要用于车主的日常上下班以及旅游等娱乐活动，据统计，私家车充电地点主要有单位停车场、商场停车场、小区停车场等。当私家车用于上下班时，其在单位停留时间较长，因此一般可以选择半天在工作单位进行慢速充电或者常规充电，或者下班回家之后进行慢充或者常规充电。但是当车主进行自驾游活动时，一次完全充电不一定能够满足用户需求，当距离较长时必须在中间时段进行一次快速充电。一般而言较长路程时，用户会选择高速公路行驶，因此有必要在高速公路部分路段设置快速充电系统，满足用户长距离行驶要求。

十二、吉利帝豪 EV450 充电系统

该车充电系统从功能上可分为快速充电、慢速充电、低压充电、制动能量回收四项。

1）快速充电系统由直流充电接口（带高压线束）、动力蓄电池等部件组成。

2）慢速充电系统由交流充电接口（带高压线束）、交流充电插座、交流充电插头、驱动电机、车载充电机（如配备）等部件组成。

① 充电接口：交流充电口一般安装在车身后侧，直流充电口一般安装在车头位置。充电时，根据选择的充电类型，连接交流充电插头或者直流充电插头到相应的充电插座，连接正确后开始充电。充电接口连接后形成检测回路，当出现连接故障时，系统可以检测该故障。

② 充电指示灯：充电指示灯位于车辆充电接口上方，用于指示不同的充电状态。任意电源档位，当辅助控制模块收到蓄电池管理系统（BMS）的充电状态信息时，驱动充电指示灯工作，显示充电状态。充电指示灯状态显示定义见表 2-1。

表 2-1 充电指示灯状态显示定义

指示灯颜色	动　作	定　义
一	熄灭	未充电
绿色	常亮 15min	充电完成
绿色	闪烁（1Hz）	正在充电
红色	常亮 15min	充电故障

上述显示信号中"正在充电"状态显示为即时显示,"充电完成、充电故障"显示为延时关闭——即收到相应的状态信号时显示相应的状态 15min 后自动熄灭,期间若充电状态变化(如由"充电故障"变为"正在充电"状态)则立即切换为相应的状态。充电指示灯由蓄电池管理系统(BMS)信号提供给辅助控制模块(ACM),ACM 控制指示灯状态。充电指示灯控制流程如图 2-26 所示。

图 2-26 充电指示灯控制流程

3)低压充电系统由 12V 铅酸蓄电池、电机控制器、分线盒、动力蓄电池等部件组成。

4)制动能量回收系统由制动开关、动力蓄电池、驱动电机、整车控制器、高压线束等部件组成。

十三、吉利帝豪 EV450 充电系统的工作原理

1. 快速充电(直流高压充电)

当直流充电设备接口连接到整车直流充电口,直流充电设备发送充电唤醒信号给蓄电池管理系统,蓄电池管理系统根据动力蓄电池的可充电功率,向直流充电设备发送充电电流指令。同时,蓄电池管理系统吸合系统高压正极继电器和高压负极继电器,动力蓄电池开始充电。充电时间 48min 可充电 80%。直流充电流量传递路线如图 2-27 所示。

图 2-27 直流充电流量传递路线

2. 慢速充电(交流高压充电)

当车辆处于交流充电模式下,辅助控制模块检测交流充电接口的 CC、CP 信号(充电枪插入、导通信号)并唤醒蓄电池管理系统,蓄电池管理系统唤醒车载充电机并发送指令充电,同时闭合主继电器,动力蓄电池开始充电。充电时间:13~14h 可充满。交流充电流量传递路线如图 2-28 所示。

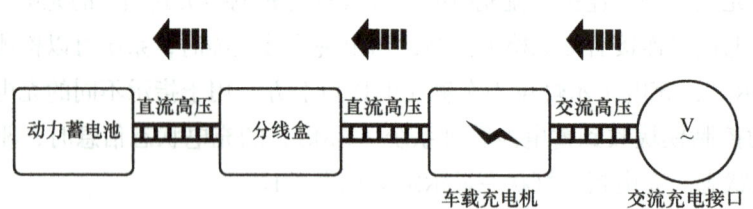

图 2-28 交流充电流量传递路

3. 充电枪锁功能(暂无此功能)

为防止车辆充电过程中充电枪丢失,车辆具有充电枪锁功能。充电枪插入充电接口后,只要驾驶人按下智能钥匙闭锁按钮,充电枪防盗功能将开启;PEPS 收到智能钥匙的闭锁信号后通过 CAN 总线将该信号传递到辅助控制模块(ACM),ACM 将控制充电枪锁止电动机锁止充电枪,此时充电枪无法拔出,如图 2-29 所示。

图 2-29　充电枪锁功能控制原理

小知识

如要拔出充电枪,需先按下智能钥匙解锁按钮,解锁充电枪。注意,如果电动解锁失效,可通过行李舱机械解锁拉索解锁。

4. 低压充电

高压上电前,低压电路系统依赖 12V 铅酸蓄电池供电,当高压上电后,电机控制器将动力蓄电池的高压直流电转换成低压直流电为 12V 铅酸蓄电池充电,如图 2-30 所示。

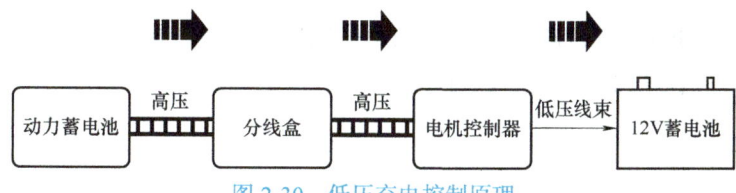

图 2-30　低压充电控制原理

5. 智能充电

长期停放的车辆容易造成辅助蓄电池馈电,当辅助蓄电池严重馈电时将会导致车辆无法起动上电。为避免这一问题,本车具有智能充电功能。车辆停放过程中辅助控制器（ACM）将持续对辅助蓄电池电压就行监控,当电压低于设定值时,ACM 将唤醒蓄电池管理系统,同时整车控制器（VCU）也将控制电机控制器通过 DC/DC 变换器对辅助蓄电池进行充电,防止辅助蓄电池馈电,如图 2-31 所示。

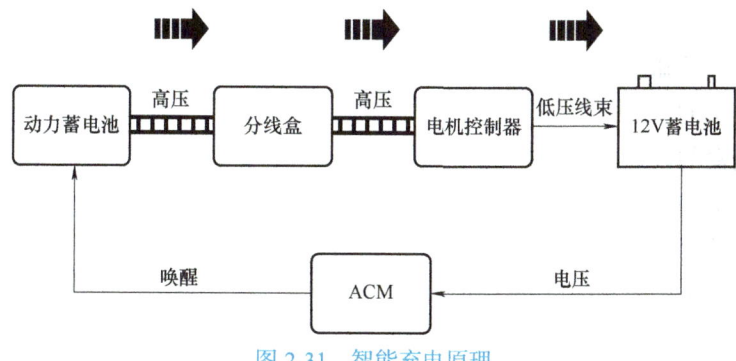

图 2-31　智能充电原理

6. 制动能量回收

制动能量回收系统是在车辆滑行或制动过程中,驱动电机从驱动状态转变成发电状态,将车辆的动能转换为电能储存在动力蓄电池中。

笔记栏

车辆在滑行或制动时，VCU 根据当前动力蓄电池状态和制动踏板位置信号，计算能量回收转矩并发送指令给电机控制器，启动能量回收。制动能量回收传递路线与能量消耗相反，原理如图 2-32 所示。

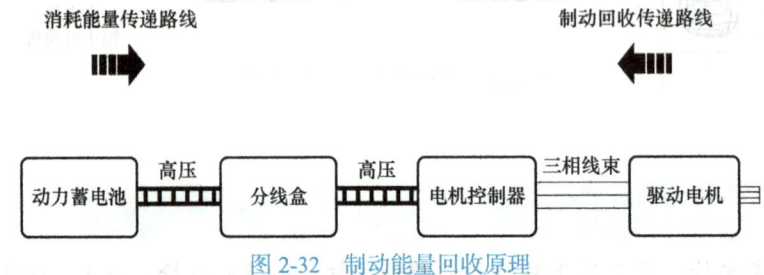

图 2-32　制动能量回收原理

 **任务实施**

一、准备工作

（1）防护装备　隔离栏、警示牌、绝缘手套、护目镜、安全帽和绝缘鞋。
（2）实训车辆　比亚迪 E5 新能源汽车等。
（3）工具设备　预紧式扭力扳手、棘轮扳手、短接杆、套筒等。
（4）辅助资料　汽车维修手册、教材等。

二、实施步骤

1. 新能源汽车充电系统（快充模式）组成部件认知

1）充电桩（快充桩）的认知。
2）快充接口的认知。
3）高压控制盒的认知。
4）动力蓄电池的认知。
5）整车控制器的认知。
6）高压线束和低压控制线束的认知。

2. 新能源汽车充电系统（慢充模式）组成部件认知

1）供电设备（充电桩）的认知。
2）慢充接口的认知。
3）车载充电机的认知。
4）高压控制盒的认知。
5）动力蓄电池的认知。
6）整车控制器的认知。
7）高压线束和低压控制线束的认知。

 知识拓展

一、充电注意事项

1）雷雨天气不能进行户外充电。

2）不要用湿手或站在水里去连接、断开充电枪。
3）不建议使用快速充电将动力蓄电池充至满电。
4）连接充电枪时需按下按钮再慢慢接入接口。
5）快充枪内含电子锁，在控制端未结束充电时不能强行拔下充电枪。

二、车载充电机日常维护注意事项

1）检查散热风扇是否有异物。
2）散热筋上尽可能减少杂物，保证散热时风道畅通。
3）检查低压插接器是否有松动，保证插接器可靠连接。
4）检查高压插接器是否可靠连接。
5）检查外壳是否有明显碰撞痕迹，对充电机内部模块是否造成损坏。

三、DC/DC 变换器日常维护注意事项

1）散热筋上尽可能减少杂物，保证散热时风道畅通。
2）检查低压插接器是否有松动，保证插接器可靠连接。
3）检查高压插接器是否可靠连接。
4）检查外壳是否有明显碰撞痕迹，对 DC/DC 变换器模块是否造成损坏。

四、比亚迪 E5 车载充电机的特点

根据动力蓄电池特性设计充电的曲线，可以延长动力蓄电池的寿命；使用方便，维护简单，单独对蓄电池管理系统进行供电，由蓄电池管理系统控制智能充电，无须人工职守；保护功能齐全，适用范围广，具有过电压、欠电压、过电流、过热保护，输出短路、反接等保护功能；整机温度保护为 75℃，当机内温度高于 75℃时，充电机输出电流变小，高于 85℃时，充电机停止输出。

学习小结

1）交流充电是指通过交流电对带充电系统的新能源汽车的动力蓄电池组充电。
2）直流充电是指通过直流电对带充电系统的新能源汽车的动力蓄电池组充电。
3）新能源汽车充电系统能够给动力蓄电池及时补充能量，并能根据动力蓄电池电量情况和充电时的环境状态，及时地调整充电电流。

任务分析

根据故障现象分析，判断这辆车的充电系统出现了故障，需要对充电系统进行拆装。这个工作任务需要正确使用多种工具，并正确进行操作，锻炼了学生对充电系统拆装的能力。

自我评估

1. 填空题
1）进行交流充电时，车辆的车载充电器必须将_____整流成_____，并调节充电电

笔记栏

压，使其符合动力蓄电池组的要求。

2）进行直流充电时，直流电被输送到动力蓄电池组，由_____来调整动力蓄电池组的充电电压。

3）新能源汽车充电系统能够给_____及时补充能量。

2. 判断题

1）充电电流越大越好。（ ）

2）快速充电又称为应急充电，30min 就可以充电 100%。（ ）

3）慢速充电可以有效地延长动力蓄电池寿命。（ ）

3. 单项选择题

1）快速充电的电流是_____。

A. 直流

B. 交流

C. 都正确

D. 都错误

2）车载充电机用于_____充电模式。

A. 快速充电

B. 慢速充电

C. 都采用

D. 都不采用

任务 2　新能源汽车充电系统的检修

 任务情境

任务描述

一辆比亚迪 E5 新能源汽车，仪表显示充电系统故障，系统故障灯点亮。你的主管把检修的任务安排给你，你能完成这个任务吗？

任务提示

根据故障现象分析，判断这辆车的充电系统出现了故障，需要对充电系统进行检修，这个工作任务需要正确使用多种工具，并正确进行操作。

任务目标

知识目标

1. 能描述 DC/DC 变换器的故障。
2. 能描述车载充电机的故障。

能力目标

1. 能给纯电动汽车充电。
2. 能正确地进行充电机的拆装。
3. 能正确地进行充电模块的拆装。
4. 能正确地进行高压控制盒的拆装。

必备知识

一、DC/DC 变换器故障

目前，DC/DC 变换器仅有一根故障线报出，当 DC/DC 变换器检测到异常时，将会输出高电平信号，整车控制器（VCU）通过硬件接收到 DC/DC 变换器的报警信号后，将在仪表上显示"蓄电池故障"。

另外，DC/DC 变换器在开机的时候故障线会有 1~2s 的高电平信号，此时 DC/DC 变换器在进行自检，待自检完成后将停止输出此高电平信号，整车控制器（VCU）检测 DC/DC 变换器的故障信号会在开机后延迟 3s 再检测此故障信号。

DC/DC 变换器故障

笔记栏

二、车载充电机故障

车载充电机故障信息将通过 CAN 总线报至总线上，通过 CAN 总线可以找出发生的故障信息。

1. 12V 低压供电异常

当车载充电机 12V 模块异常时，蓄电池管理系统、仪表等由于没有唤醒信号唤醒，无法与车载充电机进行通信。当 12V 低压供电未上电，最简单的判断方式就是交流上电的时候，电池没有发出继电器闭合的声音，一般都是 12V 低压供电异常。需要检查低压熔断器盒内充电唤醒的熔断器及继电器以及车载充电机端子是否出现退针的情况。

2. 车载充电机检测的动力蓄电池电压不满足要求

此问题是在充电过程中，蓄电池管理系统可以正常工作，但充电机工作开始前需要检测动力蓄电池电压，当动力蓄电池电压在工作范围内，车载充电机可以正常工作，否则车载充电机认为动力蓄电池不满足充电的要求。此情况常见的为高压插件端子退针或高压熔断器熔断，或者动力蓄电池电压超过工作范围。

3. 车载充电机检测与充电桩握手不正常

车载充电机工作过程中会检测与充电桩之间的握手信号，当判断到 CC 的开关断开，车载充电机认为此时将要拔掉充电枪，则会停止工作，防止带电插拔。

当充电枪未插到位，可能出现此情况。

笔记栏

三、慢速充电和快速充电控制策略

1. 充电系统控制过程

作为新能源汽车的核心,动力蓄电池的充电过程由蓄电池管理系统进行控制及保护。

车载充电器的工作状态及指令均由蓄电池管理系统发出的指令进行控制,包括工作模式指令、动力蓄电池允许最大电压、充电允许最大电流、加热状态电流值。

快速充电和慢速充电的流程均为:采用恒流-恒压充电方法,在不同温度范围内以恒定电流充电至动力蓄电池组总电压或最高单体蓄电池电压达到此温度条件下的规定电压值后,以恒定电压充电至电流小于0.8A后停止充电。充电系统控制过程见表2-2。

表2-2 充电系统控制过程

车载充电机	动力蓄电池及蓄电池管理系统	整车控制器、仪表及数据采集终端
220V 上电	待机	待机
12V 低压供电等待指令	唤醒	
接收指令并执行加热流程	蓄电池管理系统检测动力蓄电池状态并发送加热指令	
接收指令并停止工作	蓄电池管理系统监控动力蓄电池温度并发送停止指令	唤醒
接收指令并执行充电流程	蓄电池管理系统待车载充电器反馈后发送充电指令	
接收指令并停止工作	蓄电池管理系统监控动力蓄电池状态并发送完成指令	
完成后1min控制充电桩结算	待机	待机

2. 充电温度与充电电流的要求

快速充电采用地面充电器充电,快速充电充电温度与充电电流要求(非车载充电机模式下充电要求)见表2-3。

表2-3 快速充电充电温度与充电电流要求

温度/℃	小于5	5~15	5~45	大于45
可充电电流/A	0	20	50	0
备注		恒流充电至343V/3.5V以后转为恒压充电方式		

慢速充电充电温度与充电电流要求(车载充电机模式下充电要求)见表2-4。

表2-4 慢速充电充电温度与充电电流要求

温度/℃	小于0	0~55	大于55
可充电电流/A	0	10	0
备注		当电芯最高电压高于3.6V时,降低充电电流到5A,当电芯电压达到3.7V时,充电电流为0A,请求停止充电	

四、车载充电机的功能及位置

1. 车载充电机的功能

车载充电机具备如下的功能:
1) 车载充电机将输入的交流电转换成直流电输出,为动力蓄电池充电。
2) 车载充电机工作过程需要与充电桩、蓄电池管理系统、整车控制器等部件进行通信。
3) 车载充电机根据动力蓄电池需求可调节输出功率。

2. 车载充电机的安装位置

比亚迪 E5 车载充电机及充电系统组成部件的安装位置如图 2-33 所示。

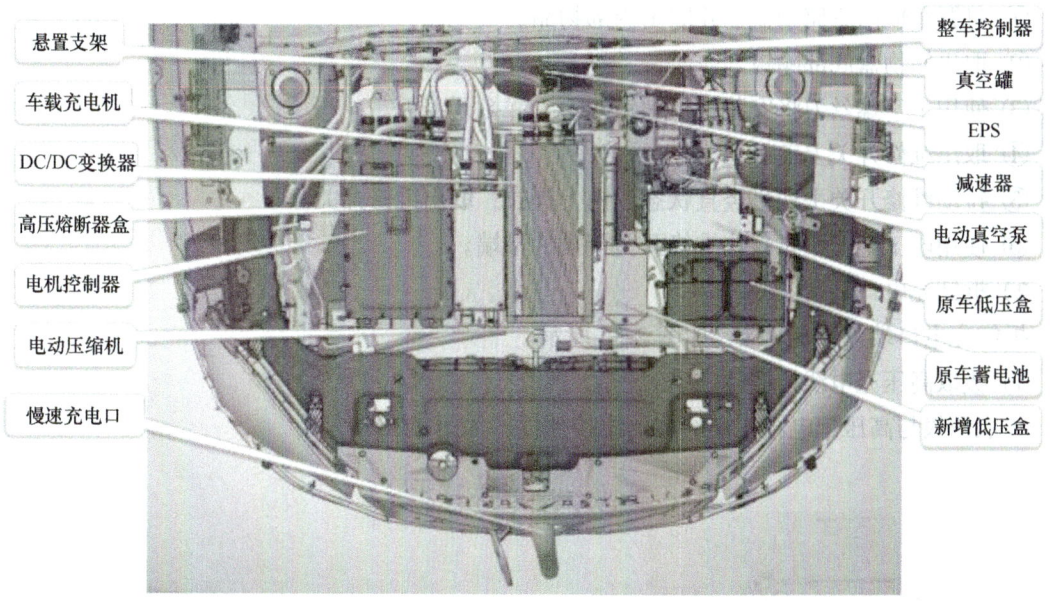

图 2-33 比亚迪 E5 车载充电机及充电系统组成部件的安装位置

有些厂家如北汽新能源生产的 EV160,将车载充电器(机)、DC/DC 变换器、高压控制盒集成为一体,称为 PDU,如图 2-34 所示。

图 2-34 北汽新能源 PDU

任务实施

一、准备工作

(1) 防护装备 隔离栏、警示牌、绝缘手套、护目镜、安全帽和绝缘鞋。
(2) 实训车辆 比亚迪 E5 新能源汽车等。
(3) 工具设备 预紧式扭力扳手、棘轮扳手、短接杆、套筒等。
(4) 辅助资料 汽车维修手册、教材等。

二、实施步骤

1. 给纯电动汽车充电

1) 关闭起动钥匙开关。

笔记栏

2）变速器档位置于 N 位或 P 位。

3）打开充电口。

4）连接充电线。

5）确认开始充电。

6）刷卡或手机操作结束充电。

7）拔出充电枪，盖上充电盖板。

2. 充电口的拆装

（1）拆卸

1）断开维修开关。

① 打开车辆内室储物盒，并取出内部物品。

② 取出储物盒底部隔板。

③ 使用十字螺丝刀将安装盖板螺钉拧下，并掀开盖板。

④ 取出维修开关上盖板。

⑤ 拉动维修开关手柄呈竖直状态，向上提拉，取出维修开关。

⑥ 使用电工绝缘胶布封住维修开关接插件母端。

2）拆卸充电口端盖。

拆卸充电口端盖 M6 螺栓，如图 2-35 所示。

3）拔取高压充电线接插件。

拔取两根与高压配电箱相连的高压线接插件，如图 2-36 所示。

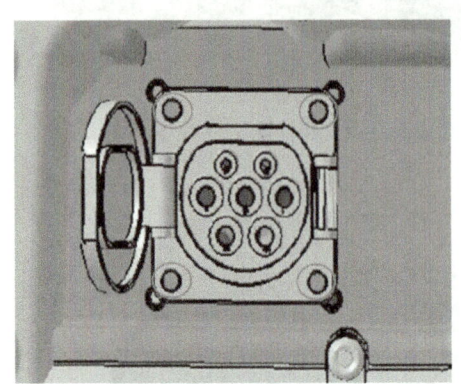

图 2-35　充电口端盖 M6 螺栓

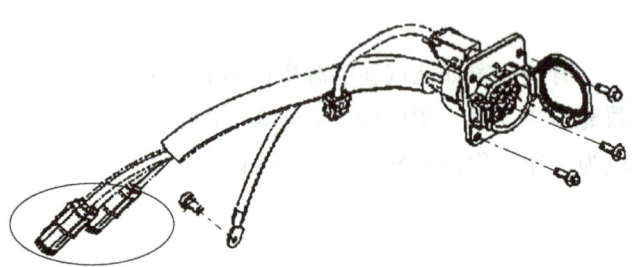

图 2-36　高压线接插件

4）拔取低压信号线接插件，如图 2-37 所示。

5）拆卸搭铁线螺栓。

拆卸固定搭铁线的 M8 螺栓，如图 2-38 所示。

6）拔取充电口总成，如图 2-39 所示。

（2）安装　充电口总成的安装流程与以上的拆卸流程相反，具体步骤请参照拆卸流程。

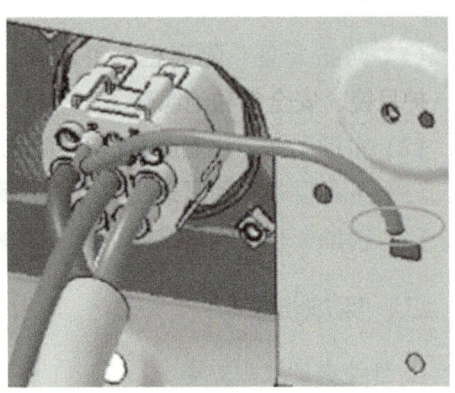

图 2-37　低压信号线接插件

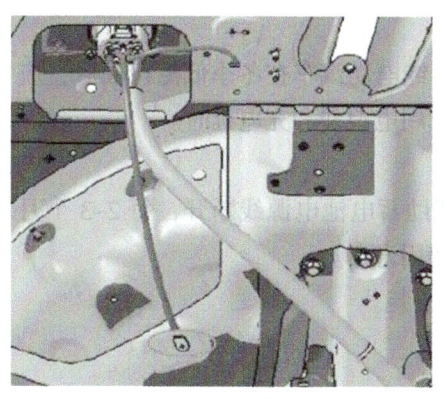

图 2-38　M8 螺栓

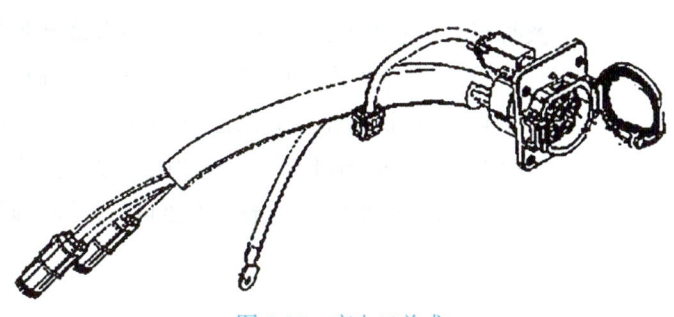

图 2-39　充电口总成

知识拓展

一、吉利帝豪 EV450 车载充电机规格

吉利帝豪 EV450 车载充电机规格见表 2-5。

表 2-5　吉利帝豪 EV450 车载充电机规格

项　目	参　数
输入电压 /V	90~264
输入频率 /Hz	50±2%
输入最大电流 /A	16
输出电压 /V	直流 200~450
输出最大功率 /kW	3.3/6.6（2017 款）
输出最大电流 /A	直流 12
效率	≥93%
质量 /kg	6
工作温度 /℃	-40~80
冷却液类型	50% 水 +50% 乙二醇
冷却液流量要求 /（L/min）	2~6

二、车载充电机常见故障

1. 充电桩显示车辆未连接

解决方案：检查车辆与充电桩两端枪是否反接。

2. 动力蓄电池继电器未闭合

解决方案：检查插接器是否正常连接，检查车载充电机输出唤醒是否正常。

3. 动力蓄电池继电器正常闭合，但车载充电机无输出电流

解决方案：检查车端充电枪是否连接到位，检查高压熔断器是否熔断，检查高压插接器及线缆是否正确连接。

三、使用注意事项

1）车辆充电尽量浅充浅放，当动力蓄电池电量接近 30% 时，请立刻充电，这样可以提高

笔记栏

动力蓄电池的使用寿命。

2）动力蓄电池电量接近10%时，车辆将限速9km/h。纯电动汽车在冬季低温行驶后，应及时充电，避免因长时间停驶导致动力蓄电池温度低，造成用电浪费和充电延时。

3）按照维护规定里程定期进行车辆维护。

4）车辆长期停放应保证50%~80%的电量，将12V辅助蓄电池电源线断开，每2~3个月至少对动力蓄电池进行一次充放电，以保证动力蓄电池的使用寿命。

5）非专业维修人员绝对不要自行拆卸、调整、安装、改装。

四、无线充电在新能源汽车方面的应用

随着现在社会的发展，生活也越来越智能化，新能源汽车充电方面也越来越倾向于快捷方便的方式，无线充电得以发展。

1. 充电地点的选择

无线充电技术对充电器、被充电设备的距离和状态有关，也就是说，两者之间的距离不能太大，且两者之间没有相对运动，否则就无法稳定和有效地传输电力。因此充电的位置只能是汽车停留的地点，即车库、停车场、路口等位置，公交车的充电装置还可以设置在公交站点。当然，条件允许的地方或高速公路旁还可以专门设置充电站，方便车辆的充电。

英国HaloIPT公司近日在伦敦利用其最新研发的感应式电能传输技术成功实现为新能源汽车无线充电。在展示过程中，该公司将电能接收垫安装于雪铁龙新能源汽车车身下侧，这样动力蓄电池就可以通过无线充电系统进行无线充电。

2. 充电方式的选择

从前面介绍的三种充电方式中可以看出，电磁感应式充电所需要的距离太小，无线电波充电的效率太低，而电磁共振充电的距离、效率都能满足新能源汽车的需要。

3. 对充电电池的选择

新能源汽车在城市中随时都会进行充电，因此必须要选择无污染且没有记忆效应的动力蓄电池进行充电。

经过比选可知，无线充电在新能源汽车的应用上比较清晰的思路为：一方面在道路及建筑工程建设中，由电力供应单位根据规划图事先在路口、公共停车场的车位、单位或小区的停车位和车库下面预埋无线充电的充电器，并做好充电器与电网或太阳能电池板的连接；另一方面，汽车生产厂家要在汽车底部安装无线充电的接收装置，并与蓄电池等设备连接；另外，国家相关部门要统一发射、接收信号的频率，使其能够通用。

国外对纯电动汽车用无线电能传输（Wireless Power Transmission，WPT）技术的研究已经取得了较好的成果。电网供电无线充电器包括PFC变换器、逆变器、非接触变压器、非接触反馈和接收电路等部分。

相比于接触式充电器，两者的PFC技术、动力蓄电池充电控制及单体蓄电池电压均衡技术基本相同；不同点在于非接触变压器的设计、变换器拓扑及其控制和非接触反馈技术。非接触反馈已有较成熟的方案，美国电动汽车协会颁布的SAE J 1773中给出了红外反馈实现的具体细节；此外，非接触反馈还可以采用磁隔离方式来实现。可见，变换器拓扑、控制及非接触变压器的设计成为无线充电器的研究重点。

学习小结

1) 目前，DC/DC变换器仅有一根故障线报出，当DC/DC变换器检测到异常时，将会输出高电平信号，整车控制器（VCU）通过硬件接收到DC/DC变换器的报警信号后，将在仪表上显示"蓄电池故障"。

2) 车载充电机故障信息将通过CAN总线报至总线上，通过CAN总线可以找出发生的故障信息。

3) 车载充电器的工作状态及指令均由蓄电池管理系统发出的指令进行控制，包括工作模式指令、动力蓄电池允许最大电压、充电允许最大电流、加热状态电流值。

任务分析

根据故障现象分析，判断这辆车的充电系统出现了故障，需要对充电系统进行检修，这个工作任务需要正确使用多种工具，并正确进行操作，通过这个工作任务锻炼了学生对充电系统检修的能力。

自我评估

1. 填空题

1) 目前，DC/DC变换器仅有一根故障线报出，当DC/DC变换器检测到异常时，将会输出_____信号。

2) 车载充电机故障信息将通过_____报至总线上，通过_____可以找出产生的故障信息。

3) 作为新能源汽车的核心，动力蓄电池的充电过程由_____进行控制及保护。

2. 判断题

1) 直流充电属于快速充电的方式。　　　　　　　　　　　　　　　　　（　　）

2) 车载充电机的功能是将输入的直流电转换成交流电输出，为动力蓄电池充电。（　　）

3) 新能源汽车的充电接口，快速充电口和慢速充电口是一样的。　　　　（　　）

3. 单项选择题

1) 快速充电和慢速充电的采用方法是_____。

A. 恒流 - 恒压充电

B. 恒流 - 变压充电

C. 变流 - 恒压充电

D. 变流 - 变压充电

2) 下列哪项不属于动力蓄电池具备充电的条件_____。

A. 车载充电器工作正常

B. 高压电路无绝缘故障

C. 12V蓄电池有电

D. 整车控制器和动力蓄电池控制器的信号正常

项目三 新能源汽车空调系统

本项目主要学习新能源汽车空调系统，分为 3 个工作任务：任务 1 新能源汽车空调系统的认知；任务 2 新能源汽车空调系统的检修；任务 3 新能源汽车供暖系统故障分析；通过 3 个任务的学习，能掌握新能源汽车空调系统的结构原理和拆装检测。

任务 1　新能源汽车空调系统的认知

任务情境

任务描述

你作为一名新能源汽车销售服务顾问，客户需要你详细地介绍如何操控新能源汽车暖风与空调系统，以及新能源汽车暖风与空调系统配置的一些新功能该如何正确使用，你能完成这个任务吗？

任务提示

根据任务，需要掌握新能源汽车空调系统的基本术语、空调系统的组成等相关知识。

任务目标

知识目标

1. 能描述汽车空调系统的功用。

2. 能描述新能源汽车空调系统和传统汽车空调系统的区别。
3. 掌握新能源汽车空调系统的分类。

能力目标

1. 能正确掌握新能源汽车空调系统组成部件的认知。
2. 能正确掌握新能源汽车供暖系统组成部件的认知。

  必备知识

扫一扫

空调系统功用

笔 记 栏

一、空调系统的功用

汽车空调系统（图3-1）是对车厢内空气进行制冷、加热、除湿、通风换气的装置。可提供舒适的乘车环境，降低驾驶人的疲劳强度，从而保证行车安全。

空调系统利用空气的热传递效应将空气中的热量向低温处传播；当蒸发器处于低温时，会吸收外部热量，热量以制冷剂作为传导介质被压缩机抽走。制

图3-1 汽车空调系统

冷剂经压缩机压缩后温度上升，此时制冷剂温度比外部环境温度高出许多，高温制冷剂流入冷凝器，通过电子风扇向外界排放热量，降低温度，然后经膨胀节流作用生成低温制冷剂流入蒸发器，从而进行工作循环，不断地抽取车厢内的热量，从而达到降温效果。

二、新能源汽车空调系统和传统汽车空调系统的区别

1. 空调压缩机驱动方式不同

新能源汽车空调制冷系统的制冷原理与传统汽车相同，其区别是压缩机驱动方式发生了变化。新能源汽车空调压缩机采用电驱动的方式，而传统汽车绝大多数采用发动机传动带驱动，如图3-2所示。

2. 暖风实现形式不同

新能源汽车在暖风实现的形式上，通常是利用电加热的方式来产生暖风。电加热的方式有两种：一种是通过加热冷却液，再经过循环为暖风水箱提供热量；另一种是直接加热经过蒸发箱（图3-3）的空气实现暖风。

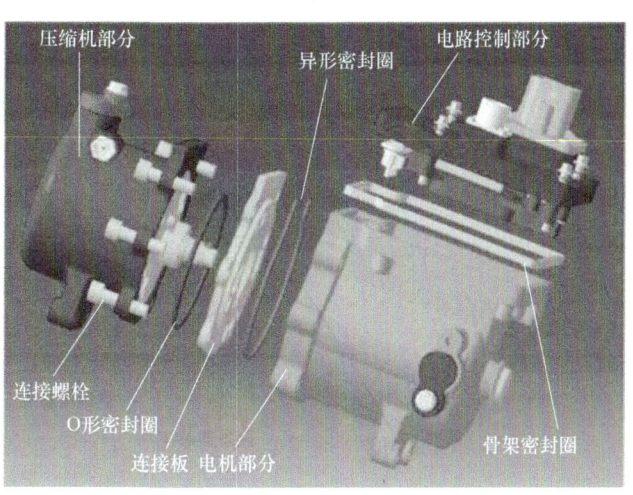

图3-2 新能源汽车空调压缩机

49

3. 送风系统略有区别

新能源汽车送风系统（图3-4）与传统汽车基本相似，空气通过蒸发器和热交换器形成冷风或暖风和风速，根据用户的需要输送到指定出风口。

图3-3 蒸发箱

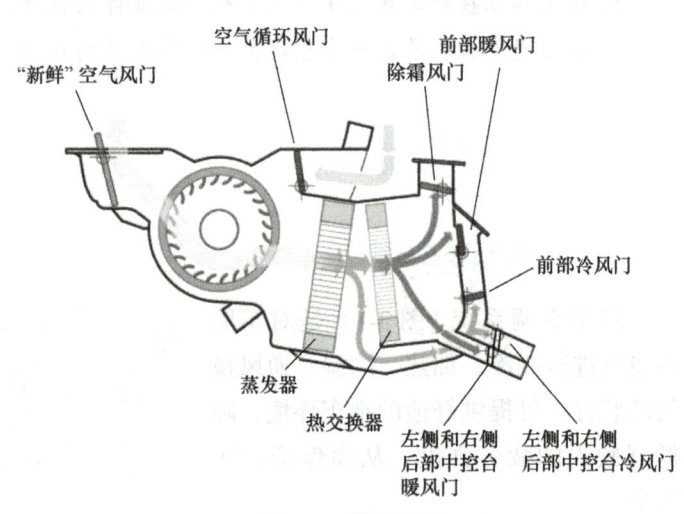

图3-4 送风系统

三、新能源汽车空调系统的分类

新能源汽车空调系统的分类

笔记栏

1. 传统传动带式空调系统

有些混合动力汽车采用传统的传动带式空调压缩机。如果在空调系统工作时，车辆的怠速停止（怠速起停）功能使发动机熄火，则空调压缩机也会停止工作，但鼓风机仍会继续向车内输送空气。这在某种程度上可以让车内人员感到凉爽，但也可能在发动机停机时间过长的情况下（例如长时间等候交通信号灯）让人难受。这类车辆通常有MAX功能，能够取消怠速起停，并使发动机重新起动，以满足任意长时间的空气调节需求，如图3-5所示。

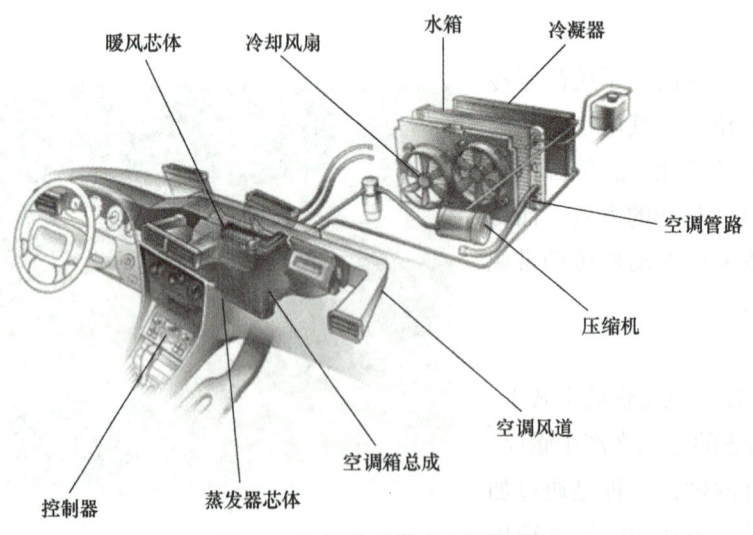

图3-5 传统传动带式空调系统

2. 电动式空调系统

电动空调压缩机将电动机整合到了空调压缩机室中。压缩机并非由离合器控制，可通过改变电动机转速来不断地改变压缩机的输出功率。电动空调压缩机未采用轴端密封设计，避免了传统空调压缩机轴端泄漏的情况，如图3-6所示。

3. 混合式空调系统

这里的"混合"与混合动力汽车无关，尽管某些混合动力汽车会使用它。混合式空调系统是由传动带式空调压缩机和电动空调压缩机共同组成的。正常工作时，空调控制系统选择最有效的模式：机械驱动模式或电驱动模式。它既可由发动机驱动，也可由驱动电机驱动，还可由两者一起驱动。发动机不工作时，驱动电机可驱动其继续工作，保证车内的温度。如果车外温度特别高，需要高速制冷，单靠驱动电机驱动

图3-6 电动式空调系统

已经不能满足，则发动机会自动起动，将冷气源源不断地输送到车内。当车内温度已稳定到最佳水平时，发动机又会自动熄火，从而降低油耗。

4. 遥控空调系统

遥控空调系统能让车辆操作人员通过智能手机应用程序或汽车密钥卡来激活空调系统。在传统的混合动力汽车中，使用手机应用程序或汽车密钥卡遥控启动空调后，空调最长可运行3min，这取决于动力蓄电池的荷电量（SOC）。在插电式混合动力汽车中，遥控空调最长可运行10min，这是因为车内空间更大，所需空调运行时间更长，同时也与动力蓄电池的荷电量（SOC）有关。

发出激活遥控空调系统的命令后，如果车门尚未锁上，则车辆的控制系统通常会锁住车门，同时闭合动力蓄电池的高压主继电器，使动力蓄电池为空调压缩机供电。然而，尽管高压主继电器处于闭合状态，遥控空调系统仍不会使车辆上电（即由READY变为ON）。遥控空调系统如图3-7所示。

5. 车内太阳能通风系统

有些混合动力汽车和纯电动汽车将太阳能电池板安装在车顶，当车辆断电（即由READY变为OFF），且在炎热天气下停车时，可打开太阳能通风系统使车内通风换气，但是太阳能电池板不会为车辆的动力蓄电池充电。

图3-7 遥控空调系统

通常情况下，太阳能通风系统是通过开关控制的。当车内温度上升到高于规定温度值时，如果接通了太阳能通风系统且太阳能电池板能输出足够高的电压，则太阳能电池板输出的电流会激活汽车内部鼓风机。但在昏暗或多云的天气，太阳能通风系统可能无法产生足够高的电压。

有些太阳能通风系统还可控制车内通风口，因此风扇控制器通常是独立安装的，这样就使太阳能电池板的电压与汽车的电气系统分隔开来。

四、比亚迪E5空调系统

1. 系统概述

该车空调系统为BC14电动压缩机自动调节空调，应用于E5纯电动型轿车。系统主要由

电动压缩机、冷凝器、HVAC总成、制冷管路、PTC、暖风水管、风道、空调控制器等零部件组成，具有制冷、采暖、除霜除雾、通风换气四种功能。该系统利用PTC水暖采暖；利用蒸气压缩式制冷循环制冷，制冷剂为R410a，冷冻油型号为POE；控制方式为按键操纵式。自动空调箱体的模式风门、冷暖混合风门和内外循环风门都是由电动机控制。

2. 制冷系统原理

由空调驱动器驱动的电动压缩机将气态的制冷剂从蒸发器中抽出，并将其压入冷凝器。高压气态制冷剂经冷凝器时液化而进行热交换（释放热量），热量被车外的空气带走。高压液态的制冷剂经膨胀阀的节流作用而降压，低压液态制冷剂在蒸发器中汽化而进行热交换（吸收热量），蒸发器附近被冷却了的空气通过鼓风机吹入车厢。气态的制冷剂又被压缩机抽走，泵入冷凝器，如此使制冷剂进行封闭的循环流动，不断地将车厢内的热量排到车外，使车厢内的温度降至适宜的温度，如图3-8所示。

3. 供暖系统原理

供暖系统采用PTC水加热器总成加热冷却液，冷却液先由水泵抽空调暖风副散热器总成内的冷却液，泵进PTC水加热器总成，加热后的冷却液流经暖风芯体，再回至空调暖风副散热器总成，如此循环。加热后的空气，通过鼓风机鼓风将热量送至乘员舱或风窗玻璃，用以提高车厢内的温度和除霜，如图3-9所示。

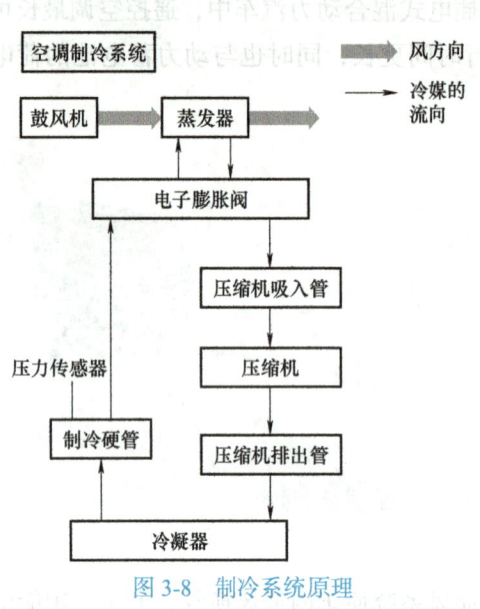

图3-8 制冷系统原理

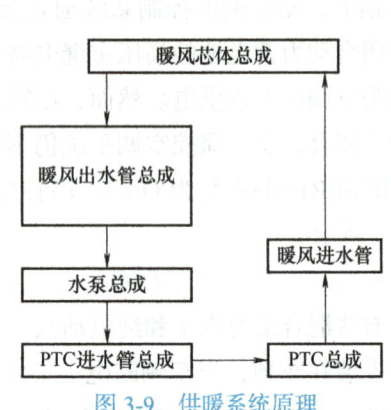

图3-9 供暖系统原理

4. 风扇控制逻辑

空调打开且ECU检测到压力开关低电平信号后，控制风扇高速转动。

> **小提示**
>
> 风扇高速工作之前，低速风扇必须先运行2s，然后风扇高速运转。

开启压缩机的同时，空调控制器检测系统压力值，向主控请求电子风扇档位：

1）当空调系统压力<2.7MPa时，发送低速档位请求。
2）当空调系统压力≥2.7MPa时，发送高速档位请求。

 **小提示**

1）维护空调系统必须由专业技术人员进行。

2）维修前应使工作区通风，请勿在封闭的空间或接近明火的地方操作制冷剂。维修前应戴好护目镜，保持至维修完毕。

3）避免液体制冷剂接触眼睛和皮肤。若液体制冷剂接触眼睛和皮肤，应用冷水冲洗。

注意：不要揉眼睛或擦皮肤。在皮肤上涂凡士林软膏。严重的要立刻找医生或医院寻求专业治疗。

4）制冷系统中如果没有足够的制冷剂，请勿运转压缩机，避免由于系统中无充足的制冷剂并且润滑油不足造成的压缩机可能烧坏的情况。

5）压缩机运转时不要打开压力表高压阀，只能打开和关闭低压阀。

6）必须使用专用冷冻油，不可乱用其他品牌的润滑油代替，更不能混用（不同牌号）。比亚迪E5空调系统冷媒加注量为500g，冷冻油总量为135mL。

7）当系统因渗漏导致冷冻油总量低于125mL时，就有可能造成压缩机的过度磨损，因此维修站应视情况补加冷冻油。

8）空调压力保护方式是通过压力开关，压力过高或过低时压力开关会断开。温度保护方式分为蒸发器温度保护（低温保护0~2℃）；压缩机温度过高保护（高温保护不得高于105℃）。

9）维修时应注意，打开管路的O形圈必须更换，并在装配前在密封圈上涂冷冻油后按要求力矩连接。

10）维修中严格按技术要求操作（充注量、冷冻油型号、力矩要求等），按照要求检修空调，保证空调系统的正常工作和使用寿命。

11）因冷冻油具有较强的吸水性，在拆下管路时要立即用堵塞或口盖堵住管口，不要使湿气或灰尘进入制冷系统。

12）在排放系统中有过多的制冷剂时，不要排放过快，以免将系统中的压缩机油也抽出来。

13）定期清洁空气过滤网，保持良好的空气调节质量。

14）检查冷凝器散热片表面是否有脏污，不要用蒸汽或高压水枪冲洗，以免损坏冷凝器散热片，应用软毛刷刷洗。

15）避免制冷剂过量。若制冷剂过量，会导致制冷不良。

 **任务实施**

一、准备工作

（1）防护装备　隔离栏、警示牌、绝缘手套、护目镜、安全帽和绝缘鞋。

（2）实训车辆　比亚迪E5新能源汽车等。

（3）工具设备　预紧式扭力扳手、棘轮扳手、短接杆、套筒等。

（4）辅助资料　汽车维修手册、教材等。

二、实施步骤

1. 新能源汽车空调系统组成部件的认知

1）空调压缩机的认知。

2）冷凝器的认知。

3）蒸发器的认知。

4）膨胀阀的认知。

5）储液干燥器的认知。

6）压力开关的认知。

7）空调控制器的认知。

2. 新能源汽车供暖系统组成部件的认知

1）电子开关模块的认知。

2）空气净化风扇（鼓风机）的认知。

3）蒸发器的认知。

4）PTC加热器（热交换器）的认知。

知识拓展

一、吉利帝豪EV450空调系统介绍

1. 系统概述

该车配备自动空调系统，这种设计不论车辆外部天气状况如何都可以给乘员舱提供舒适的乘坐环境，主要由压缩机、冷凝器、储液干燥器等主要部件组成。

2. 压缩机

压缩机类型为电动涡旋式，压缩机控制器与压缩机集成为一体，通过电动机自身的旋转带动涡旋盘压缩，完成制冷剂的吸入和排出，为制冷循环提供动力。

压缩机性能曲线（测试工况：高压1.57MPa，低压0.296MPa，过热度10℃，过冷度5℃）如图3-10所示。

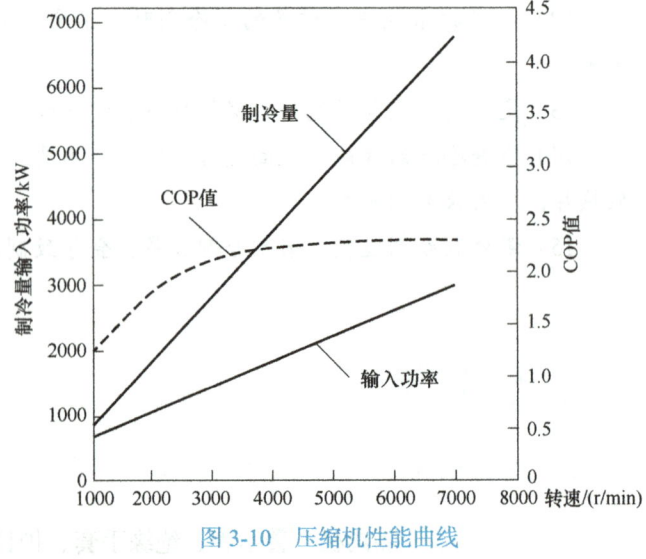

图3-10　压缩机性能曲线

3. 冷凝器、储液干燥器

从空调压缩机出来的高温高压制冷剂蒸气流入冷凝器，冷凝器由能进行快速热传递的铝管和冷却翅片制成，冷却翅片通过散热把高温高压的制冷剂蒸气凝结成中温高压的液体。储液干燥器位于冷凝器的左侧，与冷凝器焊接成一体。储液干燥器内部结构设计可以保证中温高压的气液混合制冷剂进入，而从储液干燥器出来的是中温高

压的液态制冷剂。储液干燥器内部有吸附制冷系统水分的干燥剂，干燥剂不能重复使用。出现泄漏时，储液干燥器芯不能维修只能更换。

4. 室内温度传感器、室外温度传感器

室内温度传感器、室外温度传感器影响车内空气温度的自动控制。这些传感器都是对温度敏感的热敏元件，传感器的电阻和温度呈反比对应关系。空调控制模块根据传感器发出的电阻值信息设置内外循环电动机、冷暖温度风向电动机、鼓风机调速模块等来控制空调温度。

1）室内温度传感器壳体通过软管管道连接到吸气器。流出空调主机的气流在吸气器软管端部形成微小的真空度。这种真空使车内空气流经室内温度传感器，提高了传感器检测的车厢温度的准确性。

2）室外温度传感器位于车辆前保险杠下面的前格栅区域，空调控制模块使用这个传感器来获知周围空气的温度信息，并可在仪表上显示外部温度。

5. 日光传感器

日光传感器位于仪表板上部装饰衬垫中间。日光传感器属于光照能量传感器，该传感器可测量阳光照射到车辆所产生的热量，为空调控制模块提供更多的补偿参数。空调控制模块根据车外光照强度和车内空调工况需求，实时自动调整空调风量和冷/热风混合比例，让所有乘员均能获得最舒适的感觉。

6. 室内空调主机

室内空调主机位于仪表板内，由鼓风机电动机、鼓风机调速模块、空调滤清器、加热器芯体、蒸发器、膨胀阀、冷暖温度风向控制电动机以及各种空气偏转风门、通风风道构成。

7. 鼓风机电动机

放置鼓风机电动机时不可将鼓风机电动机的扇风轮作为支承面，禁止触碰扇风轮，防止扇风轮叶片损坏。鼓风机由永磁型电动机、笼式风扇组成。鼓风机运转转速的变化取决于鼓风机调速模块。如用户选择最大空调模式，绝大部分进入鼓风机的空气来自乘员舱（内循环）。

8. 加热器芯体

加热器芯体是制热系统的主要部件。加热器芯体位于空调主机内，每当加热器开始工作时，加热器水泵将高温的冷却液泵入加热器芯体，加热器芯体将来自冷却液的热量传输给流经加热器芯体的空气，加热器芯体有特有的进口和出口暖风水管。拆卸时，加热器芯体的暖风水管路必须完全泄放。维修时，配备独立暖风水管道的加热器芯体必须是已经安装好的。加热器芯体上装有温度传感器，此传感器将加热器芯体的表面温度信号传递给空调控制模块，为自动空调控制提供更多的补偿参数。

9. 蒸发器与膨胀阀

蒸发器位于空调主机的右侧。空调主机安装在车上时，需要先对其进行拆卸，才能拆卸和安装蒸发器与膨胀阀。拆卸时，蒸发器的制冷剂管路必须完全泄放。维修时，配备独立制冷剂管路的蒸发器必须是已经安装好的。膨胀阀与蒸发器相连，安装于蒸发器的一端，位于蒸发器进口，膨胀阀的一侧连接着空调压缩机的进、排气管，一侧连接着蒸发器的进、排气管，在液体管路内对高压液体制冷剂形成限制，使制冷剂流向蒸发器时成为低压液体。

膨胀阀根据空调压力下限、空调压力上限从大到小改变位置。蒸发器在空气进入乘员舱之前对其进行冷却和除湿。蒸发器内制冷剂蒸发，从而吸收通过蒸发器气流的热量。空气中的热量传给蒸发器芯的时候，空气中的水分湿气会凝结在蒸发器芯的外表面上形成水流出。蒸发器上配备有温度传感器以防止其结冰。该传感器对蒸发器上散热片的表面温度进行测量，若其温

度大约低于2℃时，压缩机离合器就不会继续工作。若该温度增加至4℃以上时，压缩机便重新开始工作。

10. R134a 制冷剂与润滑油

制冷剂在空调系统中有吸收热量、携带热量、释放热量的作用。车辆使用R134a制冷剂，R134a制冷剂为无毒、阻燃、透明、无色的液化气体。R134a空调系统的内部循环中只能使用含POE、HAF68制冷剂的润滑油。安装螺纹和O形密封圈处只能使用含矿物基525黏度制冷剂的润滑油，使用其他润滑油会造成压缩机或附件故障。

11. 空调高压管、空调低压管、空调压力开关、制冷管路电磁阀

车辆采用空调高压管与低压管（空调硬管和/或软管）将空调制冷系统连接成一个密闭的系统，制冷剂与润滑油在这个密闭系统里流动，完成制冷剂的工作循环过程。空调硬管由铝管和相应的接头组成，空调软管由橡胶软管和相应的接头组成。空调压力开关属于三态压力开关，根据空调制冷循环制冷剂压力值，打开或关断压力开关，传送空调系统压力信号，实现空调系统的压力保护。制冷管路电磁阀属于开关阀，根据需要在只有动力蓄电池冷却时，关闭进入乘员舱的制冷剂回路。

12. 加热器

加热器由电阻膜和散热元件组成，在一定电压范围内，加热的功率随电流变化而变化，电阻膜的电阻随温度变化的影响较小，因此电加热器可输出稳定的功率，从而为制热系统提供稳定的热源。

二、比亚迪新能源汽车空调压缩机的主要功能与特性

1）电动机与压缩机一体式设计。电动机在压缩机内部对压缩机进行驱动，通过冷媒循环可自行冷却而不需外加冷却设备。

2）欠电压保护。当动力蓄电池电压过低（低于260V±5V）时，驱动器将自动切断电路以保护动力蓄电池与压缩机。在不重新起动压缩机的情况下，若动力蓄电池电压回升至275V±5V，则压缩机自动重新起动。

3）过电流保护。当电路中电流过高时，驱动器将自动切断电路以避免电流过大对压缩机及驱动器造成损坏。

4）预留调速信号输入接口。通过在调速线上输入400Hz、12V占空比可调的PWM信号，可以对压缩机转速进行调节，0~100%占空比对应转速为1000~3000r/min。

5）可通过CAN通信功能进行调速。

6）驱动器压缩机一体化设计，通过贴合压缩机冷端表面进行冷却。

7）驱动控制器控制电源DC 12V。

学习小结

1）汽车空调系统是对车厢内空气进行制冷、加热、除湿、通风换气的装置。可提供舒适的乘车环境，降低驾驶人的疲劳强度，从而保证行车安全。

2）新能源汽车空调制冷系统的制冷原理与传统汽车相同，区别在于压缩机驱动方式发生了变化。

任务分析

根据这个任务，需要掌握如何操控新能源汽车暖风与空调系统以及新能源汽车暖风与空调系统配置的一些新功能该如何正确使用，锻炼学生对汽车暖风与空调系统的认知。

自我评估

1. 填空题

1) 新能源汽车空调制冷系统与传统汽车空调系统的区别是_____发生了变化。

2) 汽车空调系统是对车厢内空气进行_____、_____、_____、_____的装置。

3) 新能源汽车暖风系统电加热采用了_____方式和_____方式来供暖。

2. 判断题

1) 对新能源汽车空调系统不需要加注冷媒。（   ）

2) 新能源汽车起动后，打开加热按钮PTC加热器直接可以工作。（   ）

3) 汽车空调系统中要求湿气越多越好。（   ）

3. 单项选择题

1) 以下属于新能源汽车空调系统的特点有_____。

A. 系统内没有冷媒

B. 不再采用高低压开关控制

C. 压缩机靠电动机来驱动

D. 系统不需要冷冻油润滑

2) 新能源汽车制冷剂的工作特性是_____。

A. 高压液态吸热，低压气态散热

B. 高压液态散热，低压气态吸热

C. 高压气态散热，低压液态吸热

D. 高压气态吸热，低压液态散热

任务2　新能源汽车空调系统的检修

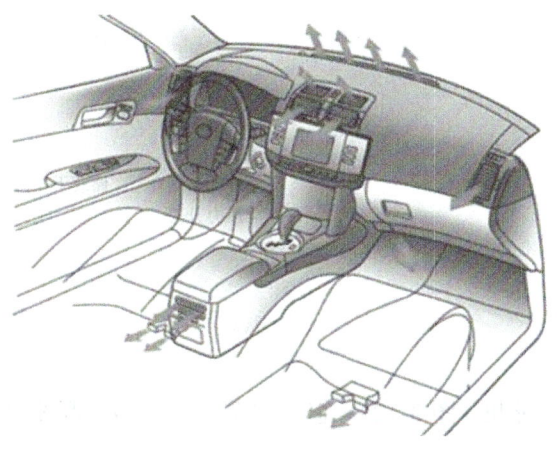

笔记栏

 **任务情境**

任务描述

有一辆比亚迪 E5 新能源汽车,客户反映空调出风口温度偏高。主管把该车的诊断与检修的任务分配给你,你能完成这个任务吗?

任务提示

根据故障现象分析,判断这辆车的空调系统出现了故障,需要对空调系统进行拆装与诊断。

  任务目标

知识目标

1. 能描述空调系统的组成。
2. 能描述空调制冷原理。
3. 掌握新能源汽车空调制冷系统的控制原理。
4. 掌握空调系统维修注意事项。

能力目标

1. 能正确对空调系统进行泄压。
2. 能正确对空调系统进行测试。

  必备知识

一、空调系统的组成

空调系统主要由空调压缩机、冷凝器、蒸发器、膨胀阀、储液干燥器、压力开关、空调控制器、冷凝风扇、鼓风机和控制单元组成,如图 3-11 所示。

空调系统组成

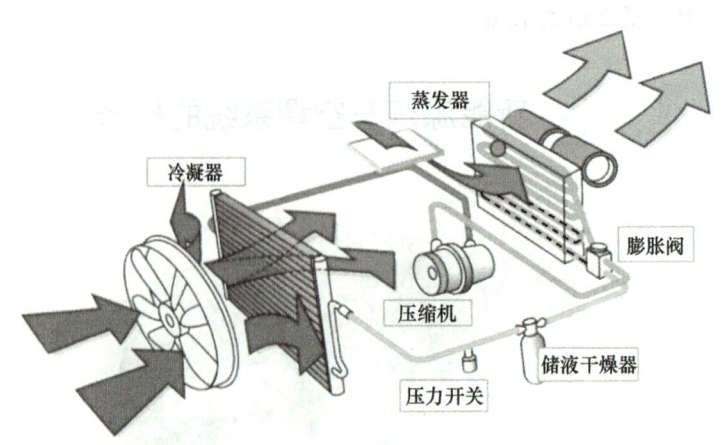

图 3-11 空调系统的组成

1. 空调压缩机

制冷系统采用电动压缩机(图 3-12),它在空调系统回路中起驱动制冷剂的作用,将机械能转换为热能。

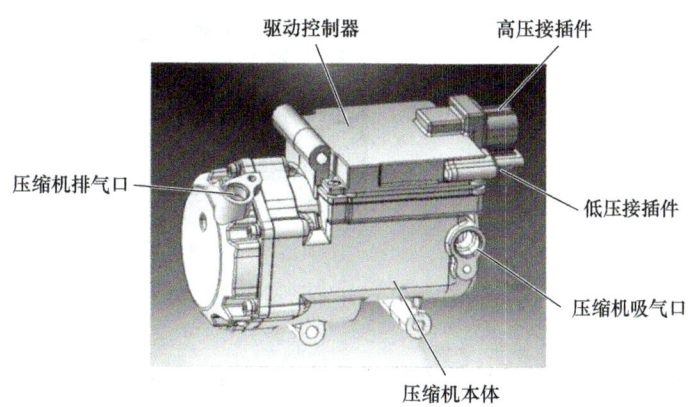

图 3-12　空调压缩机

2. 冷凝器

冷凝器（图 3-13）的作用是对空调压缩机排出的高温高压制冷剂蒸气进行冷却，使之凝结成高温高压液体。将制冷剂蒸气放出的热量排到大气中。

3. 蒸发器

蒸发器（图 3-14）的作用是汽车空调制冷系统中的另一个热交换器，作用与冷凝器相反，它是将经过节流降压后的液态制冷剂在蒸发器内沸腾汽化，吸收蒸发器表面周围空气的热量而使之降温，鼓风机将冷风吹到车厢内达到降温的目的。

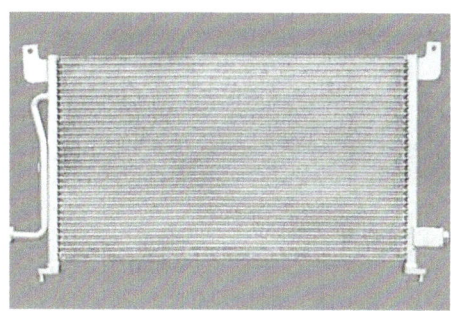
图 3-13　冷凝器

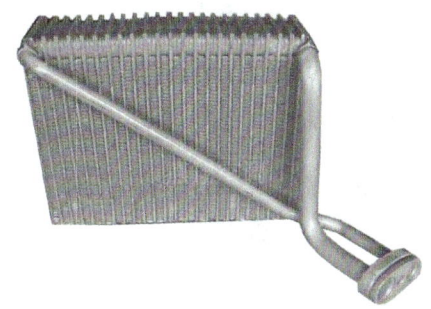
图 3-14　蒸发器

4. 膨胀阀

膨胀阀（图 3-15）和变频压缩机协同工作，利用它精确控制流量的功能，整体提升空调系统的工作效率。可实时调节开阀速度、开度。根据控制器的脉冲电压信号，线圈驱动步进转子旋转。通过精密丝杠传动，转子将旋转运动转化为阀芯的轴向直线移动。通过上述运动，阀芯在控制器的控制下调节阀体通道大小，以实现制冷剂的设计流量。

5. 储液干燥器

储液干燥器（图 3-16）的作用是接收从冷凝器来的液体并加以储存，根据蒸发器的需要提供所需的制冷剂量，将系统中经常会出现的杂质和其他脏物，如锈蚀、污垢、金属微粒等过滤掉，这些杂质会损伤压缩机轴承，还会堵塞过滤网和膨胀阀。储液干燥器还可以吸收系统中的湿气，汽车空调系统中要求湿气越少越好，因为湿气会造成"冰塞"并腐蚀系统管道等，使制冷系统不能正常工作。

笔记栏

图3-15 膨胀阀

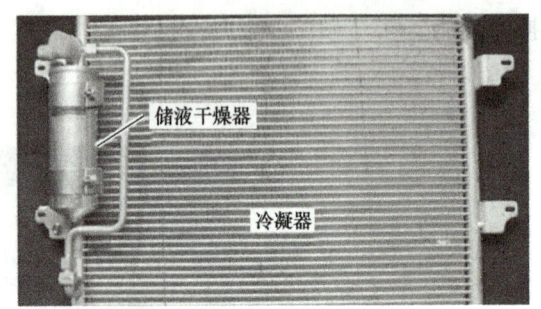

图3-16 储液干燥器

6. 压力开关

压力开关（图3-17）的作用是检测制冷系统内部压力，保护制冷系统。新能源汽车空调系统采用三位开关：即低压、中压、高压；压力低于0.18MPa时低压开关断开；压力高于3.14MPa时高压开关断开；压缩机停止工作。压力高于1.5MPa时中压开关闭合，冷凝风扇高速旋转。

7. 空调控制器

空调控制器（图3-18）是整个空调系统（包括制冷和采暖）的总控中心，协调控制空调系统的工作。空调控制器在整车CAN网络上属于舒适网，它与电动压缩机模块、PTC模块组成一个空调子网。

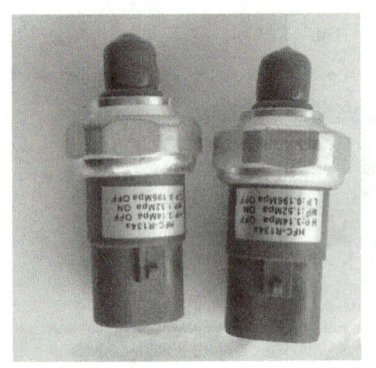

图3-17 压力开关

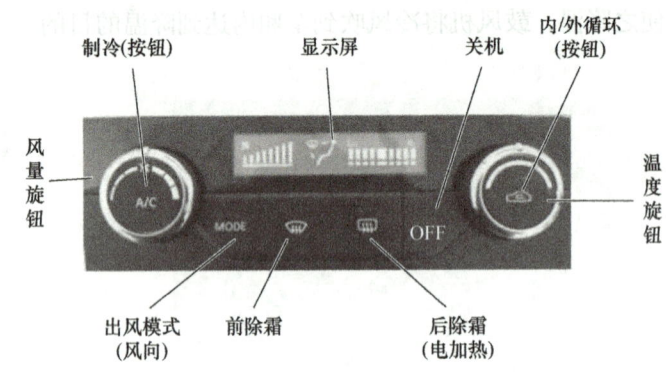

图3-18 空调控制器

二、空调制冷原理

空调系统制冷时，压缩机吸入从蒸发器出来的低温低压气态制冷剂，经压缩后，制冷剂温度和压力升高，被送入冷凝器。在冷凝器内，高温高压的气态制冷剂经冷凝器散热，随后液化变成高温高压的液态制冷剂。冷凝器装在冷却系统散热器的前方，也是用冷却系统的电子风扇进行控制，空调控制器将蒸发器的压力值作为标准通知整体控制器来控制风扇的转速。

液体制冷剂流入储液干燥器，它存储和过滤液态制冷剂。经过过滤后的高温高压的液态制冷剂流经膨胀阀，由膨胀阀将液态制冷剂转变成低温低压气液混合物，流入蒸发器。

在蒸发器内，鼓风机将车内空气抽入蒸发器表面，空气经蒸发器散热片与低温低压的气雾态制冷剂进行热交换。制冷剂吸收车内的空气热量，将低温低压的气雾态制冷剂蒸发成低温低压的全气态制冷剂，再经管道送到压缩机低压端，进行下一次循环。

经热交换释放出的冷空气由鼓风机送入车厢，从而降低了车厢温度，如图3-19所示。

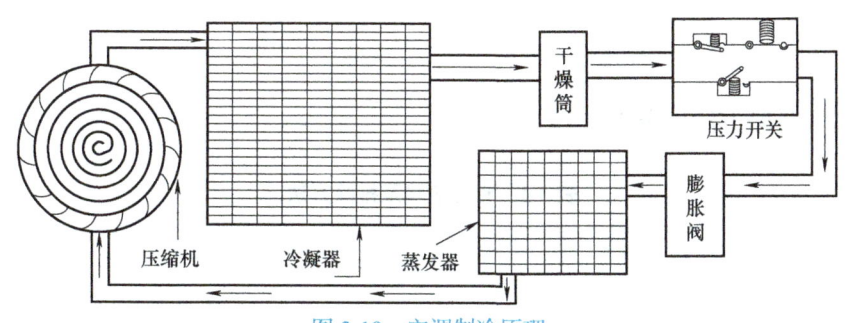

图 3-19　空调制冷原理

三、新能源汽车空调制冷系统的控制原理

空调控制面板根据用户的操作需求，发送 AC 信号、冷暖选择信号、鼓风机信号到整车控制器，整车控制器同时接收空调压力开关、温度信号，通过 CAN 传输系统指令压缩机控制器驱动压缩机工作，同时整车控制器也控制冷凝风扇运转。

空调控制器接收空调面板开关、各种相关传感器、冷媒压力开关信号，直接控制鼓风机及各风门电动机动作，同时通过 CAN 信号，指令空调驱动器驱动电动压缩机和 PTC 加热器，指令主控 ECU 控制风扇动作，如图 3-20 所示。

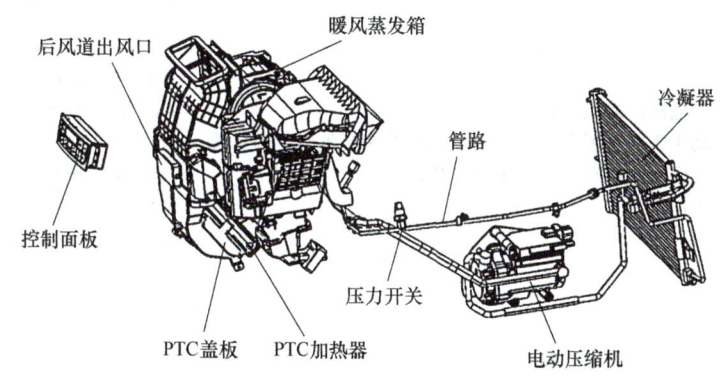

图 3-20　新能源汽车空调制冷系统的控制原理

小提示　空调系统维修注意事项

1）在打开制冷系统任何接头或连接处前，系统必须完全排空，即使系统已排空，打开时还是要格外小心。如果在松接头时发觉有压力，重新拧紧接头并重新将系统抽真空。

2）连接时使用合适的扳手很重要。不合适的扳手或不正确地使用扳手可能损坏接头。

3）使用无水分制冷剂和冷冻机油，空调系统内部件就能保持稳定。非常多的灰尘、水分或空气可以干扰化学稳定性。如果出现很少量的灰尘、水分或空气可能引起空调运转故障或者导致严重损坏。在断开制冷管路或软管前，彻底清洁管接头的外面，以防止污染物进入制冷系统。

4）当打开制冷系统时，要准备好能在最短时间内打开系统修理用的所有物品。只要打开所有制冷管路就要盖上盖子或塞住它们，这样可以防止进入灰尘和水分。所有新的管路和零部件应该盖上盖子或密封好，准备使用后再打开。在连接制冷管路或软管前，彻底清洁管接头的外面，以防污染物进入制冷系统。

笔记栏

四、常见故障及排除方法

常见故障及排除方法见表3-1。

表3-1 常见故障及排除方法

故障	现象	原因及判断	检测及排除措施
驱动控制器不工作,电动压缩机不工作	电动压缩机无起动声音,电源电流无变化	① DC 12V 控制电源未通入驱动控制器 ② 控制电源电压不足或超压 ③ 接插件端子接触不良或松脱	① 检查驱动控制器控制电源插头端子是否松脱 ② 检查控制电源到驱动控制器之间的导线是否有断路 ③ 测量控制电源电压是否达到要求(对 DC 12V 控制电源驱动控制器,控制电源至少高于 DC 9V,不得高于 DC 15V)
驱动控制器工作正常,电动压缩机不正常工作	电动压缩机发出异常声音	① 电动机断相 ② 冷凝器鼓风机未正常工作,系统压差过大,电动机负载过大	① 检查驱动控制器与电动机连接的三相插头及相关导线,保证其接触良好及导通 ② 保证冷凝器鼓风机正常工作,待系统压力平衡后再次起动
驱动控制器工作正常,电动压缩机不工作	电动压缩机无起动声音,电源电流无变化,各端口电压正常	驱动控制器未接收到空调系统的 A/C 开关信号	① 检查 A/C 开关是否有故障 ② 检查与 A/C 开关相连的导线是否断路 ③ A/C 开关连接方式是否正确(低电平: 0~0.8V),开启电动压缩机,接高电平或悬空关闭电动压缩机
驱动控制器工作正常,电动压缩机不工作	电动压缩机无起动声音,电源电流无变化,高压端口电压不足或无供电	欠电压保护启动	关闭整车主电源: ① 检查驱动控制器主电源输入接口处的接插件端子是否松脱 ② 检查主电源到驱动控制器之间的导线是否断路 ③ 检查控制主电源输入的继电器是否正常动作
驱动控制器自检正常,电动压缩机不工作	电动压缩机起动时有轻微抖动,电源电流有变化随后降为 0	① 冷凝器鼓风机未正常工作,系统压差过大,电动机负载过大导致过电流保护启动 ② 电动机断相导致的过电流保护启动	① 保证冷凝器鼓风机正常工作,待系统压力平衡后再次起动 ② 检查驱动控制器与电动机连接的三相插头及相关导线,保证其接触良好及导通
系统内堵	高压不高,低压为负值	系统内清洁度差,导致储液干燥器、膨胀阀或毛细管堵塞,系统内有水分,会导致膨胀阀冰堵	用清洗设备清洁系统,更换储液干燥器,清洗或更换膨胀阀,更换毛细管,抽真空,按规定加注方法、加注量加注制冷剂
蒸发器结霜	高压压力正常,低压压力偏低	蒸发器表面结满灰尘,蒸发器表面翅片碰伤,温度驱动控制器失灵,鼓风机风量减小(风量开关或变速电阻器损坏)	清洗及整理蒸发器表面,检修温控器、鼓风机、风量开关、变速电阻器。当更换蒸发器时,必须往系统内加注 30~50mL 冷冻机油

(续)

故障	现象	原因及判断	检测及排除措施
异响	开启空调,前后声音变化	当启动空调后,电动机与电动压缩机的旋转均会产生声音,电动机转动引起整体振动的频率有微小差异,最后传出的声音有差异。故在车静止时,人感觉电动压缩机的声音有差别,有时会认为是"异响"	首先检查安装部位是否达标,其次判断制冷剂加注量及过程是否符合标准,最后对空调系统中运动件声音进行检查。判定电动压缩机工作声音是否正常,可用听诊器直接放在电动压缩机上听取,若是电动机及内部零部件运转及摩擦声音,属于正常工作声音
泄漏		首先排除连接管道接口处有泄漏,一定要用检漏仪检漏,不可用眼睛看电动压缩机上是否有油来判断(汽车空调系统允许制冷剂自然微渗漏)	请专业人员判断泄漏部位,如判定是电动压缩机泄漏,必须更换电动压缩机总成。空调系统制冷性能符合制冷标准,电动压缩机表面有油迹,用检漏仪检查漏不漏,若判定为正常微渗,压缩机无故障,不需更换

任务实施

一、准备工作

(1) **防护装备**　隔离栏、警示牌、绝缘手套、护目镜、安全帽和绝缘鞋。
(2) **实训车辆**　比亚迪 E5 新能源汽车等。
(3) **工具设备**　预紧式扭力扳手、棘轮扳手、短接杆、套筒等。
(4) **辅助资料**　汽车维修手册、教材等。

二、实施步骤

1. 空调空气滤清器的拆装

(1) 拆卸

1) 拆卸杂物箱。
2) 旋出空调空气滤清器螺钉(图中箭头所示),如图 3-21 所示。
3) 略微向外拉杂物箱固定架,同时脱开空调空气滤清器盖板的锁止卡(图中箭头所示),如图 3-22 所示。
4) 取下空调空气滤清器盖板。
5) 向下从进风室总成中取出空调空气滤清器。

(2) **安装**　按照与拆卸相反顺序进行空调空气滤清器的安装。

2. 电动压缩机的拆装

(1) 拆卸

1) 将车钥匙置于 OFF 位。
2) 断开辅助蓄电池负极电缆。
3) 用回收/填充设备回收制冷剂。
4) 拔下电动压缩机高压连接线及低压控制线。

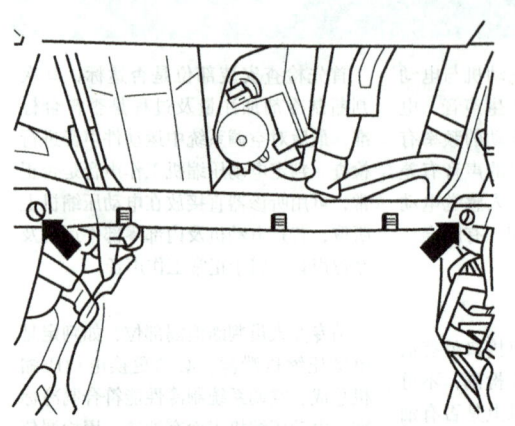

图 3-21 旋出空调空气滤清器螺钉

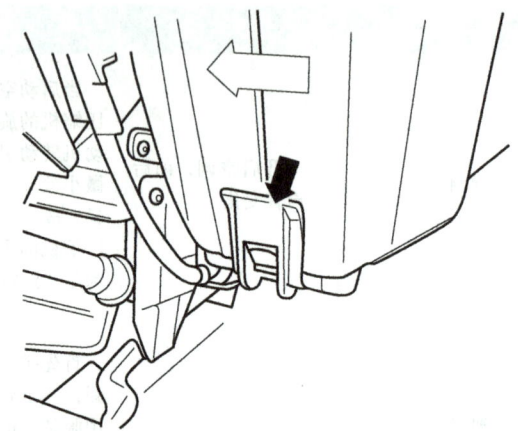

图 3-22 脱开空调空气滤清器盖板的锁止卡

小提示

在断开高压 5min 之后,使用万用表确认无高压后进行。

5) 将车辆举升。

6) 拧下空调管路固定螺栓,从压缩机上分离吸入管(图 3-23 中的 A)和排放管(图 3-23 中的 B)。

小提示

分离管路后应立刻堵住或盖住开放口,以防止受到湿气或灰尘污染,如图 3-23 所示。

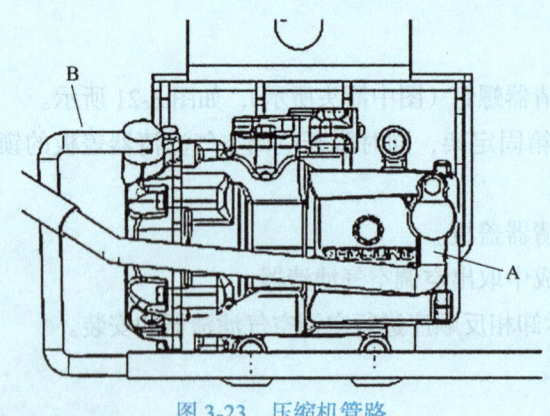

图 3-23 压缩机管路

7) 拆下电动压缩机固定螺栓,拆卸电动压缩机。

(2) 安装 按照与拆卸相反顺序进行电动压缩机的安装。

 知识拓展

一、比亚迪 E5 空调电动压缩机不转的原因

空调制冷请求信号发送的条件有：

1）A/C 按键有效。

2）空调系统压力非高压、非低压。

3）电动压缩机起停时间间隔不低于 10s。

4）蒸发器温度不低于 4℃。

5）鼓风机运转。

在满足空调制冷的条件下，如果电动压缩机不运转，应检查电动压缩机电路及压缩机本体。

二、热电制冷系统

制冷系统的另一种制冷方式采用半导体制冷又称为热电制冷，是固态制冷技术，它不用制冷剂，没有运行件。其热电堆起着压缩式制冷压缩机的作用，冷端及其热交换器则相当于压缩式制冷蒸发器，而热端及其热交换器相当于冷凝器。通电时自由电子和空穴在外电场的作用下，离开热电堆的冷端向热端移动，相当于制冷剂在压缩机中的压缩过程。在电热堆的冷端，通过热交换器的吸热，同时产生电子 - 空穴对，相当于制冷剂在蒸发器内的吸热和蒸发。在电热堆的热端，发生电子 - 空穴对的复合，同时通过热交换器散热，相当于制冷剂在冷凝器中的发热和凝结。

 小知识

热电空气调节具有以下特点：

1）热电元件工作需要直流电源。

2）改变电流方向即可产生制冷、制热的逆效果。

3）热电制冷片热惯性非常小，制冷时间很短，在热端散热良好、冷端空载的情况下，通电不到 1min，制冷片就能达到最大温差。

4）调节组件工作电流的大小即可调节制冷速度和温度，温度控制精度可达 0.001℃，并且容易实现能量的连续调节。

5）在正确设计和应用条件下，其制冷效率可达 90% 以上，而制热效率远大于 1。

6）体积小、重量轻、结构紧凑，有利于减小新能源汽车的整备重量。

7）可靠性高、寿命长并且维护方便。

8）没有转动部件，因此无振动、无摩擦、无噪声且耐冲击。

 **学习小结**

1）空调系统主要由空调压缩机、冷凝器、蒸发器、膨胀阀、储液干燥器、压力开关、空调控制器、冷凝风扇、鼓风机和控制单元组成。

2）空调系统制冷时，压缩机吸入从蒸发器出来的低温低压气态制冷剂，经压缩后，制冷剂温度和压力升高，被送入冷凝器。

 任务分析

根据故障现象分析，判断这辆车的空调系统出现了故障，这个工作任务锻炼了学生对空调系统的诊断与检修能力。

 自我评估

1. 填空题

1）比亚迪 E5 空调系统主要由_____、_____、_____、_____、_____、_____、_____、_____、_____和_____组成。

2）制冷系统采用_____，它在空调系统回路中起驱动制冷剂的作用，将机械能转换为热能。

3）冷凝器的作用是对空调压缩机排出的_____制冷剂蒸气进行_____，使之凝结成高温高压液体。

2. 判断题

1）比亚迪 E5 空调系统的电动压缩机转速可以由控制系统主动调节。（　　）

2）比亚迪 E5 电动压缩机由空调控制器直接驱动。（　　）

3）歧管压力表组不使用时，应用堵头将各接口密封，防止管内进入水分或杂物。（　　）

3. 单项选择题

1）流出电动压缩机的制冷剂是_____。

A. 高温高压液态制冷剂

B. 高温高压气态制冷剂

C. 低温低压气态制冷剂

D. 低温低压液态制冷剂

2）下列部件中_____可以使空调系统内产生低压并同时使低压的制冷剂提高压力和温度。

A. 压缩机

B. 恒温膨胀阀

C. 蒸发器

D. 冷凝器

任务 3　新能源汽车供暖系统故障分析

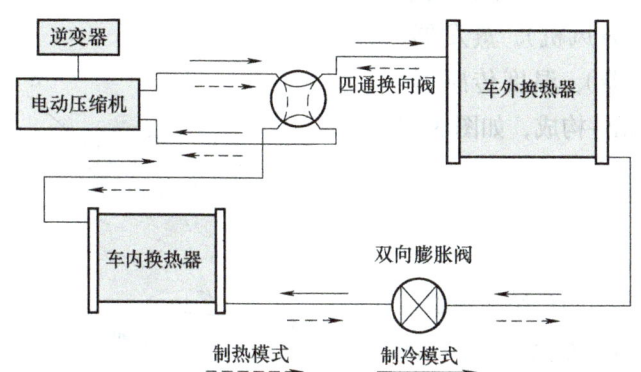

任务情境

任务描述

一辆比亚迪 E5 新能源汽车发生空调无暖风的故障，你的主管把该车的诊断与检修的任务分配给你，你能完成这个任务吗？

任务提示

根据故障现象分析，判断这辆车的暖风系统发生了严重故障，需要对空调系统进行诊断与检修。

任务目标

知识目标

1. 能描述新能源汽车暖风系统的功能。
2. 能描述新能源汽车暖风系统的组成。
3. 能描述新能源汽车暖风系统加热方式。

能力目标

1. 能正确地进行 PTC 加热器总成的拆装。
2. 能正确地进行鼓风机的拆装。

必备知识

一、新能源汽车暖风系统的功能

汽车暖风系统是将冷空气送入热交换器，吸收某种热源的热量，提高空气的温度，并将热空气送入车内。汽车暖风系统的功能是与蒸发器一起共同将空气调节到使人感到舒适的温度；在寒冷的冬季向车内供暖，提高车内空气的温度；当车窗结霜，影响驾驶人和乘客的视线，不

67

利于行车安全时，可通过采暖装置吹出热风来除霜。

二、新能源汽车暖风系统的组成

新能源汽车暖风系统由电子开关模块、空气净化风扇（鼓风机）、蒸发器、PTC加热器（热交换器）、温度传感器、出风风道、出风口等元件构成，如图3-24所示。

三、加热方式

新能源汽车暖风系统与传统汽车暖风系统的主要区别在于加热方式不同，新能源汽车暖风的加热方式主要有以下三种。

1. PTC加热器加热的方式

纯电动汽车没有传统汽车的发动机，没有了热源，因此需要靠PTC加热器的热能来采暖。

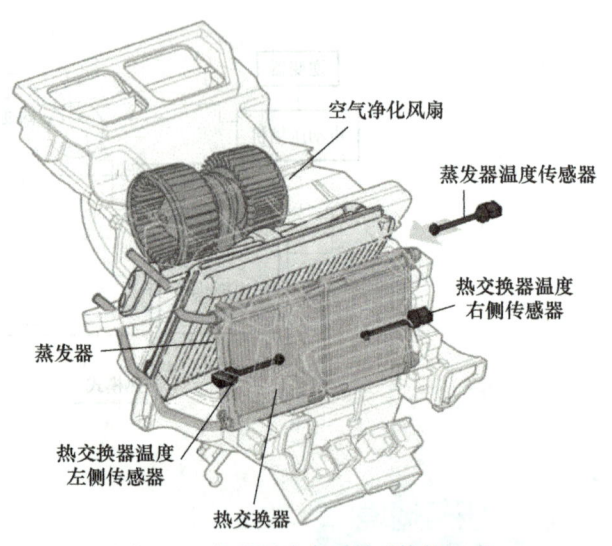

图3-24 新能源汽车暖风系统的组成

PTC（Positive Temperature Coefficient）是正温度系数的英文缩写。1950年荷兰人Haayman偶然首次发现了钛酸钡（$BaTiO_3$）陶瓷的PTC铁电效应后，探索这种机理一直是引人瞩目的研究课题。目前，PTC技术已成为现代化工业的重要组成部分。作为一种新型热敏电阻材料，其主要用途可分为开关和发热两大类别。利用PTC材料具有热敏特性，制成热敏开关类产品。利用发热类PTC性能稳定、升温迅速、受电源电压波动影响小等特性，制成的各种加热器产品，已成为金属电阻丝类发热材料最理想的替代产品。目前已大量应用于新能源汽车暖风系统、新能源汽车除霜机等。

PTC加热器采用热敏陶瓷元件，由若干单片组合后与波纹散热铝条经高温胶黏结成，具有热阻小、换热效率高的显著优点。它的最大特点在于其安全性，即遇鼓风机故障堵转时，PTC加热器因得不到充分散热，功率会自动急剧下降，此时加热器的表面温度维持限定温度（一般为240℃左右），从而不致产生电热管类加热器表面的"发红"现象，排除了发生事故的隐患，如图3-25所示。

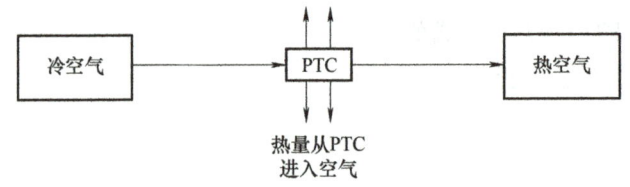

图3-25 PTC加热器工作原理

2. 加热丝加热冷却液的方式

新能源汽车冷却液的作用一方面是给汽车上容易发热的元件（如驱动电机等）散热；另一方面在温度较低的情况下需要提供热能来供驾驶室采暖。纯电动汽车没有传统汽车的发动机，没有了足够的热源，这样一来在温度较低的情况下仅靠纯电动汽车上的电器元件工作的热量来加热冷却液是远远不够的，无法给驾驶室提供足够的热源。

为保证在温度较低的情况下，给车内提供足够的热源，在冷却液循环系统上安装一个加热装置，串联在冷却液循环系统中来加热冷却液，使冷却液的温度达到合适的温度给车内提供足够的热源，加热器温度由控温器和限温器来控制。控温器一般都设置在插入水中的金属管内，其最高控制温度一般都设定在合适的温度区域，这样就可保证加热器有较大的蓄热量，为了确保控温器失灵时加热冷却液温度过高，影响车辆的工作性能，还在热水器上安装了限温器，其限温值设定在略高于控温器的最高控制温度，一旦加热温度达到设定值时，限温器便立即切断电源，避免了加热失控，影响整车性能。

3. 暖风加热系统的热泵实现方式

热泵空调系统以电动机为动力驱动空调压缩机运转，利用制冷循环可逆转的特点，集制冷与制热为一体，具有结构紧凑、高效、环保等优点。该系统制冷效果良好，制暖效果会随外界温度的变化而变化。

热泵空调系统是在原有蒸气压缩制冷的基础上改进而来的，空调压缩机直接由电动机驱动。热泵系统主要包括直流电动机、空调压缩机、四通换向阀、车外换热器、双向膨胀阀和车内换热器等。

制冷模式下空调压缩机在电动机的带动下压缩制冷剂，制冷剂通过四通换向阀来到车外换热器，车外换热器的作用是把高温高压制冷剂变成中温高压制冷剂，然后经过双向膨胀阀进行节流作用转换成低温低压制冷剂，制冷剂流经车内换热器，吸收周围温度，鼓风机再把车内换热器的冷风吹向驾驶室，从车内换热器出来的制冷剂经过四通换向阀回到空调压缩机进行下一个循环。制热模式下空调压缩机压缩制冷剂，经过四通换向阀来到车内换热器，高温高压制冷剂经过车内换热器时散发大量的热，满足车内制热需求，然后流经双向膨胀阀来到车外换热器，车外换热器吸收外界温度后经过四通换向阀又回到空调压缩机。

 任务实施

一、准备工作

（1）防护装备　隔离栏、警示牌、绝缘手套、护目镜、安全帽和绝缘鞋。
（2）实训车辆　比亚迪 E5 新能源汽车等。
（3）工具设备　预紧式扭力扳手、棘轮扳手、短接杆、套筒等。
（4）辅助资料　汽车维修手册、教材等。

二、实施步骤

1. PTC 加热器总成的拆装

（1）拆卸

1）将电源档位置于 OFF 位。
2）断开辅助蓄电池负极。
3）旋出子母扣 2，如图 3-26 所示。
4）将副仪表右前挡板 1 从副仪表骨架总成中撬出，如图 3-26 所示。
5）拔掉 PTC 高压接插件。

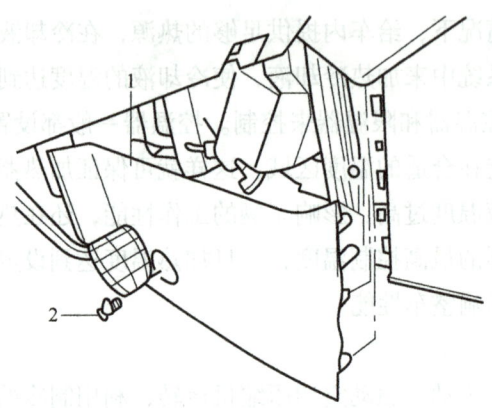

图 3-26　PTC 加热器固定螺栓

 **小提示**

在断开高压 5min 之后，使用万用表确认无高压后进行。

6）拔掉 PTC 低压接插件。
7）将 PTC 护板固定螺钉拧下，拆下护板。
8）抽出 PTC 本体，如图 3-27 所示。

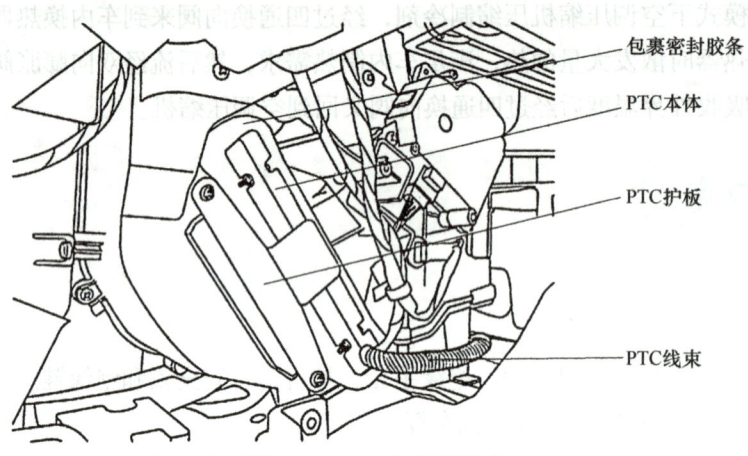

图 3-27　PTC 加热器总成

 **小提示**

小心 PTC 温度，防止烫伤。

（2）安装　按照与拆卸相反顺序进行 PTC 加热器总成的安装。

 **小提示**

安装 PTC 本体前，进行以下检查：PTC 无有无磕碰、裂纹、损伤；PTC 本体的绝缘性。

2. 鼓风机的拆装

（1）拆卸

1）拆卸仪表板横梁。

2）旋出鼓风机紧固螺钉（图中箭头 B 所示），如图 3-28 所示。

3）脱开鼓风机上的连接插头 2。

4）将鼓风机沿箭头 A 方向略微旋转，并从暖风蒸发箱总成壳体中取出鼓风机 1。

（2）安装　按照与拆卸相反顺序进行鼓风机的安装。

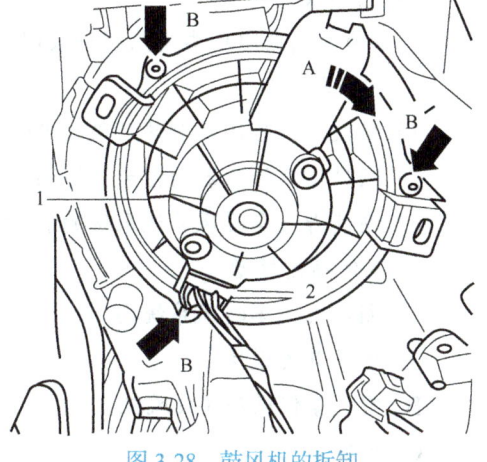

图 3-28　鼓风机的拆卸

 **知识拓展**

比亚迪 E5 新能源汽车的采暖原理

空调暖风功能由 PTC 加热器提供。打开空调控制面板上的暖风开关，PTC 加热器开始工作，鼓风机的风经过 PTC 芯体后的热风源源不断的送进车厢。

在起始阶段，PTC 的电阻比较固定，PTC 加热效果明显。随着温度的上升，PTC 电阻变大，而电流变小，加热效果就变差，这样能有效地保护 PTC 加热室的温度，能进行有效的自我控制。在车辆上 PTC 的控制主要还是通过切断其工作回路的方式来进行。PTC 控制器会感知热交换室的温度和驾驶室内的温度，来决定 PTC 的工作状况，如图 3-29 所示。

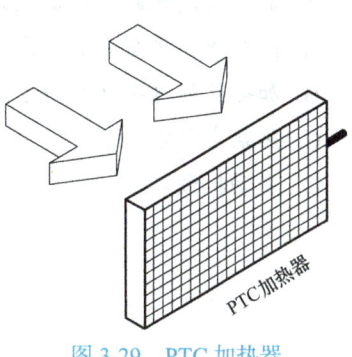

图 3-29　PTC 加热器

 **学习小结**

1）汽车暖风系统是将冷空气送入热交换器，吸收某种热源的热量，提高空气的温度，并将热空气送入车内。

2）新能源汽车暖风系统由电子开关模块、空气净化风扇（鼓风机）、蒸发器、PTC 加热器（热交换器）、温度传感器、出风风道、出风口等元件构成。

任务分析

根据故障现象分析可知，这辆车的暖风系统发生了严重故障，需要对空调系统进行诊断与检修，通过这个任务能让学生学习对暖风系统的检测与维修。

 **自我评估**

1. 填空题

1）汽车暖风系统是将冷空气送入_____，吸收某种热源的热量，_____空气的温度。

2) PTC加热器采用_____，由若干单片组合后与波纹散热铝条经高温胶黏结而成。

3) 利用发热类PTC_____、_____、_____等特性，制成的各种加热器产品，已成为金属电阻丝类发热材料最理想的替代产品。

2．判断题

1) 传统车型暖风的制热效果比PTC制热效果好。（   ）

2) PTC温度传感器的信号传递到空调控制器。（   ）

3) 新能源汽车暖风系统采暖的能量是来自发动机的余热。（   ）

3．不定项选择题

1) 新能源汽车暖风系统由_____等元件构成。

A．电子开关模块

B．空气净化风扇（鼓风机）

C．蒸发器

D．PTC加热器（热交换器）

2) 新能源汽车暖风的加热方式主要有以下_____种。

A．PTC加热器的加热方式

B．加热丝加热冷却液的方式

C．热泵实现方式

D．发动机预热式

项目四
04 新能源汽车电动助力转向系统

本项目主要学习新能源汽车电动助力转向系统,分为两个工作任务:任务1 新能源汽车电动助力转向系统的认知;任务2 新能源汽车电动助力转向系统的检修;通过两个工作任务的学习,掌握新能源汽车电动助力转向系统的结构原理与检修。

任务1 新能源汽车电动助力转向系统的认知

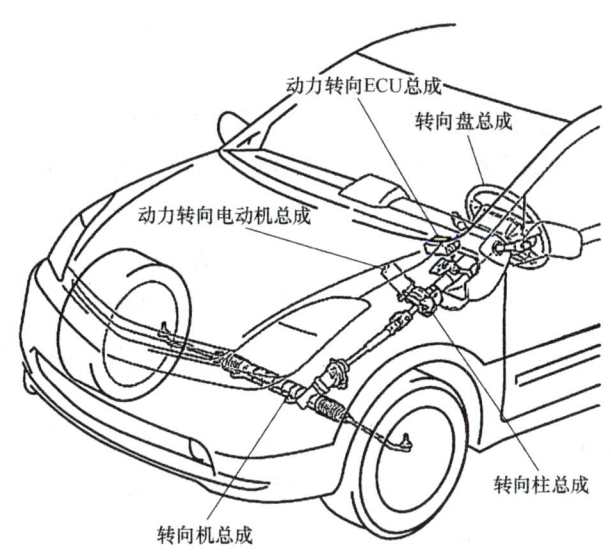

 任务情境

任务描述

因为采用电力驱动的原因,新能源汽车特别是纯电动汽车的转向系统都采用电动助力转向系统,你熟悉这个系统的结构原理吗?这个系统出现故障,你能检修吗?

任务提示

根据这个任务,需要对纯电动汽车的转向系统进行认知、拆装和检测。

任务目标

知识目标
1. 掌握电动助力转向（EPS）系统工作原理。
2. 掌握电动助力转向（EPS）系统的结构。

能力目标
能够指出 EPS 控制器的安装位置。

一、汽车转向系统概述

电动助力转向系统概述

汽车转向系统（Steering System）是汽车的一个重要构成部件，是保障汽车安全驾驶十分重要的安全装置，其功能就是要求能够按照驾驶人的意图来控制汽车的行驶方向，它直接影响到汽车的整体操纵性和行驶稳定性。随着汽车各方面的技术不断发展、完善、突破、创新，人们对汽车的需求已经不仅仅局限于安全性和功能性，还比较关注它的舒适性和经济性等。转向系统是用来控制车辆前进方向的一套机构，最初的转向机构是纯机械结构，操作费力、驾驶舒适性差。助力转向系统的出现很好地解决了这个难题，并逐渐发展成为现代汽车结构中必不可少的一部分。

笔记栏

传统液压助力转向系统自诞生以来，经过半个多世纪的发展，技术已经趋于成熟，但是它结构复杂、效率低、易泄漏、有污染等固有弊端难以解决；而电动助力转向（Electric Power Steering，EPS 或 Electric Power Assist Steering，EPAS）系统只依靠电动机提供转向助力，具有机构简单、控制灵活、效率高等诸多优点，并且助力电动机只是在有转向操作时才转动，与前者相比可以显著降低能耗；此外，还可以提供合理的助力转矩来适应不同的车速，更好地协调了驾驶轻便性和路感。因此，在汽车行业的助力转向领域，EPS 产品表现出强有力的竞争力，必将逐渐取代液压助力转向系统。

EPS 结合了汽车电子和控制技术，有助于车辆的智能化发展。作为一种机电一体化的产品，控制是必不可少的，所以 EPS 的控制对 EPS 的研究来说尤为重要，包括助力方式的确定、系统动力的匹配、助力曲线的选择、控制策略的设计等，对电动助力转向系统（EPS）的工作性能都有很大影响。

二、汽车转向系统的发展历程

汽车的转向系统按照转向力的来源不同可以分为机械式转向系统和动力转向系统，其中后者又先后经历了传统液压助力转向（HPS）系统、电控液压助力转向（EHPS）系统、电动助力转向（EPS）系统和线控转向（SBW）系统几个发展阶段。

1. 机械式转向系统

机械式转向系统大致分为转向操控机构、转向器和转向传动部分。

1）转向操控机构是指驾驶人直接接触的部分，负责把驾驶人的动作和力传递到转向系统当中。

2）转向器是转向系统的核心部件，一方面将驾驶人输入的力进行放大，另一方面变换这个力的方向。

3）转向传动部分包括转向器与转向轮之间的传动零部件，负责把转向器输出的力传递到转向轮上，从而完成转向轮的动作，如图 4-1 所示。

图 4-1 所示为机械式转向系统的结构组成，从原理上来说机械式转向系统的结构最好理解，就是用单纯的人力驱动整个机械系统，驾驶人操控转向盘，转向力经中间传动零部件输入给转向器，转向器将动力放大、变向后输出给横拉杆，再经梯形臂作用于轮毂实现转向轮的转动。这种方式的整体结构简单、可靠性高、制造成本低；但操纵费力，增加了驾驶人的工作强度，操纵稳定性和精确程度都不高，多用于微型轿车和一些农用车上。

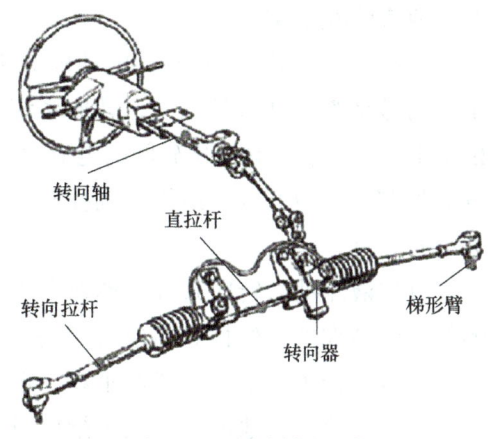

图 4-1 机械式转向系统

2. 传统液压助力转向系统

液压助力是目前车辆使用最多的一种转向助力方式，其系统结构如图 4-2 所示，它通过在机械式转向系统中添加一套液压系统（包括动力缸、阀、液压油罐、油泵和油管等）用以提供转向系统的助力，液压系统根据液流的形式不同，又分为常流式和常压式两种。常压式液压助力转向系统在车辆行驶过程中，不管转向盘有没有转向力输入，它的液压系统始终保持高油压；而常流式液压助力转向系统在车辆行驶过程中，转向盘不动的情况下，流量控制阀处于中间处，油路常通。

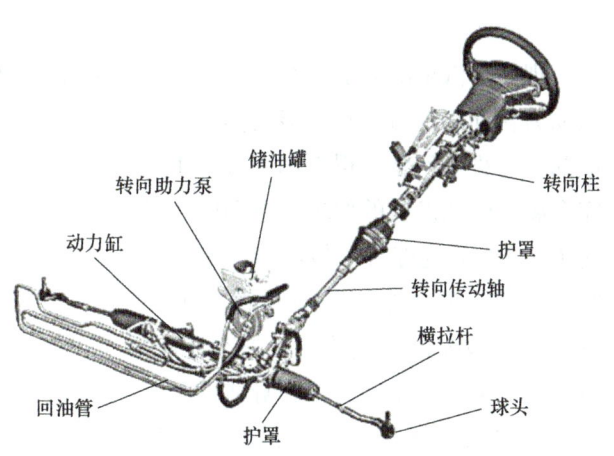

图 4-2 液压助力转向系统

传统液压助力转向系统因其技术成熟可靠，并且成本不高，所以得到广泛普及。但随着我国高速公路的快速建设和车速的不断提升，它的一些固有的缺点和不足慢慢显现出来：

1）不能兼顾车辆低速时转向的轻便性和高速时驾驶人的路感。如果保证了车辆停车或低速时转向轻松省力，高速时驾驶人就不能获得好的路感；而保证了车辆高速行驶时驾驶人的操纵手感，停车或低速的转向就会非常吃力。

2）无论转向系统是否工作，只要发动机转动，油泵就保持运转，增加了整车的动力消耗。

3）油液泄漏和污染，油液泄漏是液压系统不可避免的问题，同时会对环境造成污染，这是液压系统固有的不足。

4）冷起动工作性能较差，低温条件下液压油的黏度变大，液压系统不能正常工作，转向系统的助力性能变差。

3. 电控液压助力转向系统

由于传统液压助力转向系统会消耗相当多的发动机动力，所以人们在它的基础上进行了改

笔记栏

进,得到了能耗相对较低的电控液压助力转向系统,它的结构如图 4-3 所示,主要包括动力转向电子控制系统(ECU)、电动液压泵、液压油罐、限压阀、单向阀、转向器、车速传感器以及其他信号传感器等。

电动液压泵用一个单独的电动机带动,不再直接消耗发动机的动力,转向系统的 ECU 根据车速信号调节电磁阀的电流大小,进而控制其节流开度,最终达到控制助力大小的目的。

电控液压助力转向系统虽然兼顾了车辆低速时转向的轻便性和高速时驾驶人的路感,也降低了发动机的燃油消耗,但是仍然没有解决油液泄漏、环境污染以及效率低的问题,所以它只是传统液压助力转向(HPS)系统向电动助力转向(EPS)系统过渡的一个产品类型。

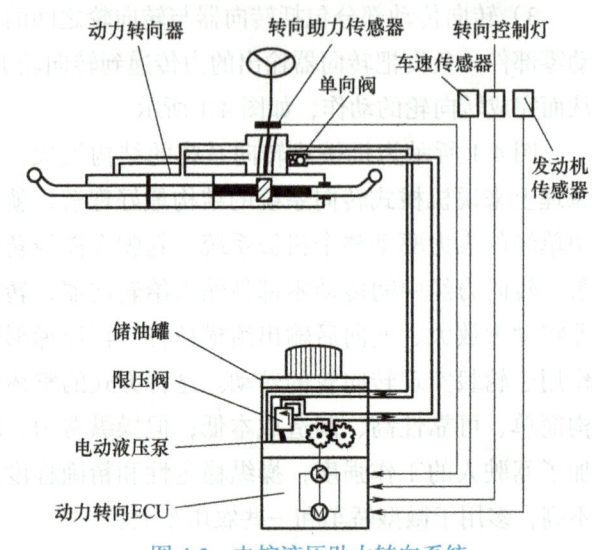

图 4-3 电控液压助力转向系统

4. 电动助力转向系统

现如今汽车微电子技术越来越成熟,因此,对车辆节能与环保方面的要求也越来越高,液压助力转向系统所存在的能耗高、油液泄漏和污染等问题变得更加明显,不能完全满足时代发展的要求。电动助力转向(EPS)系统综合了最前沿的电子控制技术和最新的电动机控制技术,它不仅能有效地改善车辆的动、静态性能,还可以显著提高车辆的驾驶舒适性和安全性,降低对环境所造成的污染。所以,EPS 刚刚提出,就得到了很多大型汽车企业的青睐,并在第一时间投入大量的人力、财力进行相关研究,由此可见,电动助力转向必将成为助力转向系统中的佼佼者。图 4-4 为速腾汽车 EPS 系统的组成。

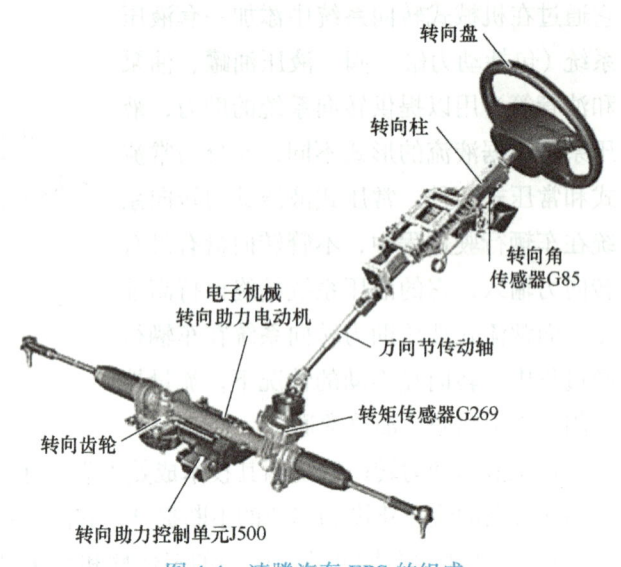

图 4-4 速腾汽车 EPS 的组成

电动助力转向(EPS)系统是由电动机来提供转向助力的,其助力的大小是通过电控单元(ECU)进行调控的。转矩传感器安装在转向管柱上,当转向盘有转向动作时,传感器进行检测,并将检测到的转矩信号传给 ECU,同时车速传感器将车速信号传递给 ECU,ECU 根据车速决定电动机的助力效果,以保证车辆既能满足低速时转向轻松省力,又能保障高速时转向稳重。

5. 线控转向系统

线控转向(Steering By Wire,SBW)系统是 EPS 的一个发展方向,其结构如图 4-5 所示,主要包括电子控制单元(ECU)、转向盘、转矩传感器、转向盘回正电动机、助力电动机、转向器以及助力传动机构等,它省去了转向盘和转向器之间的传动机构。

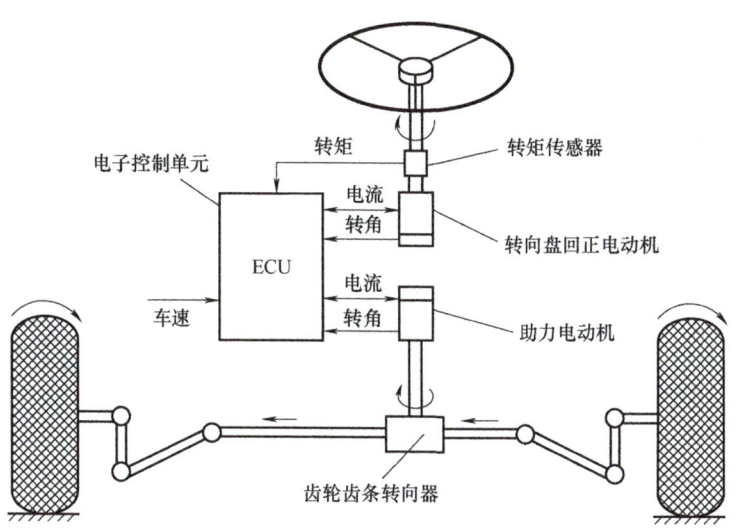

图 4-5 线控转向系统的组成

线控转向系统通过各种传感器来判断驾驶人的一系列动作,并把检测信号传送给电控单元(ECU),同时从控制系统获取反馈信息;控制系统通过操纵机构得到驾驶人的转向指令,并从转向系统得到转向轮的状态,从而控制汽车转向系统的工作。转向系统控制转向轮运动,并将转向轮的转角和转矩信息反馈到转向系统的操纵机构,使驾驶人更好地感知当前路况。

线控转向系统的特点如下:

1) 线控转向系统通过车辆的车速、发动机转速等相关参数,智能分析车辆的行驶工况,随时改变转向盘和转向车轮之间的角度传动比。低速或停车时,提供相对小的角传动比,减小转向盘转动的角度;高速行驶时,车辆转向比较灵活,提供相对较大的角传动比,为高速行驶的车辆提供更好的直线行驶条件,改善了车辆的转向性能,有利于减少交通事故的发生。

2) 线控转向系统不存在中间传动的机械结构,所以,路面的冲击和振动不会传递到转向盘上,系统综合分析各种传感器信号,更好地判断出车辆的行驶工况和路面信息,通过转向盘回正电动机为驾驶人提供适当的路感,既保留了有用的信息,又避免了外界的干扰,使驾驶人获得更加真实的"路感",提高了驾驶舒适性。

3) 线控转向系统没有中间传动的机械结构,发生事故时,避免了转向柱可能对驾驶人造成的伤害,进一步改善了驾驶安全性。此外,去除中间传动的机械结构不仅减少了动力传递过程,提高了系统的效率和响应速度,还增加了驾驶人的腿部空间,方便了相邻系统结构的布置和安装。

但是线控转向系统还处于研发阶段,并没有大量投入使用,原因主要有以下两个方面:一是硬件系统的成本问题与可靠性;二是软件系统的可靠性与安全性不能保障。

三、电动助力转向系统的分类

根据助力电动机在转向系统中的安装位置可分为三类:转向柱助力型(Column EPS,C-EPS);小齿轮助力型(Pinion EPS,P-EPS);齿条助力型(Rack EPS,R-EPS)。其中,C-EPS 与 P-EPS、R-EPS 相比,由于驾驶人和电动机助力的转矩同时通过转向器的小齿轮齿条传递,考虑到齿的刚度和强度,助力转矩值不能太大,多用于小型汽车;而 P-EPS 和 R-EPS 成本相对较高,多用于中高级车辆。

按照助力电动机的安装部位不同,EPS 一般分为转向轴助力式、齿轮助力式和齿条助力式

3 种类型，如图 4-6 所示。

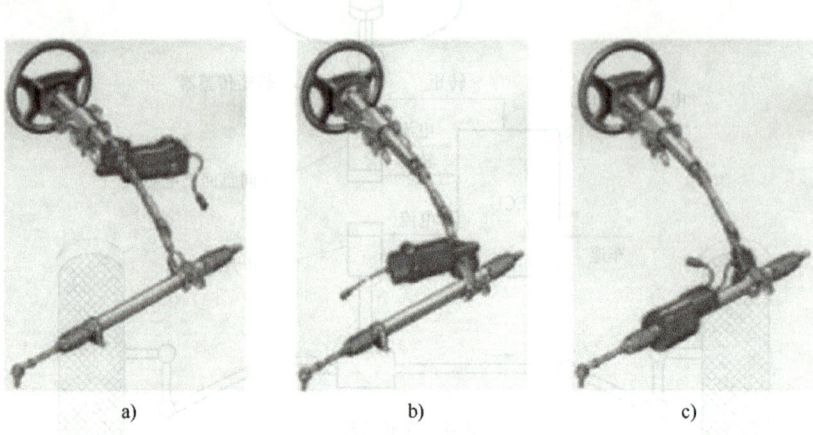

图 4-6 电动助力转向系统的分类
a）转向轴助力式 b）齿轮助力式 c）齿条助力式

1）转向轴助力式 EPS 的助力电动机安装在转向轴附近，转向助力经离合器和减速机构施加在转向轴上，适用于一些小的车型。由于助力电动机的安装位置靠近转向盘，各部件相对独立，所以安装维修方便，但必须考虑助力电动机振动和噪声对驾驶人员的影响。

2）齿轮助力式 EPS 的助力电动机、减速器和离合器集成在一起，助力电动机的助力作用在齿轮上，助力作用较转向轴式大，适用于前轴载荷中等的车辆。

3）齿条助力式 EPS 的助力电动机和减速机构直接将助力施加到齿条上，所以其响应快，效率高，助力效果好；结构紧凑，安装位置选择性比较大，助力电动机远离驾驶舱，噪声和振动不会对驾驶人产生影响；系统刚度好、传动能力大，适用于一些前轴载荷较大的汽车。但是齿条助力式 EPS 结构相对复杂，造价高，出现故障时维修不方便。

四、EPS 的优缺点

1. EPS 的优点

与其他转向系统相比，该系统突出的优点表现在：

1）更加节省能源和环保。因为 EPS 没有液压器件，所以可算得上是标准的"按需供能型"系统，即在转向的情况下系统才工作，而汽车停止时或者直线运行时完全不消耗任何能量，这样一来耗能就会相对较少。因此与液压动力系统进行比较，可以节约能源 80%~90%。而在不转向时，EPS 燃油消耗会降低 2.5%；在使用转向系统时，则会减少 5.5%。另外又因为在 -40℃ 的低温状况下，EPS 也可以较好的工作，而传统的液压系统只有液压油预热后才可以工作，由于 EPS 没有起动时的预热过程，所以节省了许多能量。EPS 也不存在液态油的泄漏问题，从而也不会对环境造成严重的污染，符合了环保的设计理念。

2）助力效果相对更好。EPS 可根据汽车运行的不同工况，通过优化设计助力特性曲线，获得准确的助力，助力效果十分理想。同时还可以通过控制阻尼系数减小因为路面的干扰对转向系统产生的影响，保障车辆低速行驶时的轻便性，提高汽车高速行驶时的稳定性，进而提高汽车的转向性能。

3）质量大大减轻。与液压转向系统比较，电动助力转向系统的结构更加简单，零部件数目显著减少，因而带来质量的轻便，与此同时使布置更加简单，而且降低了工作时产生的噪声污染。

4）安全性能更好。与 HPS 比较，EPS 发生故障后，系统通过电磁离合器切断电动机与减速传动机构的动力连接，进入机械转向模式。另一方面由于 EPS 的助力由电动机提供，所以与车辆的驱动系统相互独立，只要纯电动汽车的 DC/DC 变速器不出现问题，即使在汽车不起动或发生故障时也能够准确地提供助力。

5）开发和生产的周期短。虽然 EPS 的设计时间会比较长，但是设计完成以后，可以通过编辑相应的设计程序，实现与各种不同车型之间的匹配，从而能够减少针对各个车型的设计时间。

6）提高了转向系统的回正性能。在某一车速下，当驾驶人转动转向盘一个角度放手后，汽车具有使其自身回到直线方向行驶的特性，这是汽车固有属性所决定的。但是 EPS 能够对回正过程进行人工控制，在最大限度内通过软件修改设计参数达到使车辆获得最优回正性的目的。在传统的 HPS 系统中，汽车一旦设计完成，回正特性就无法改变，否则必须彻底改动底盘的结构，实现起来非常困难。

7）EPS 效率一般比 HPS 系统高，使用车辆范围也相对较广，特别适用于纯电动汽车。

2. EPS 的缺点

1）由于车载电源的电压一般比较低，故 EPS 所能提供的助力转矩也不会太大，所以不适用于大型车辆。

2）助力电动机、减速机构等零部件的摩擦和转动惯量会对 EPS 的转向特性产生一定的影响，因此动力匹配比较困难。

五、电动助力转向（EPS）系统的结构

汽车电动助力转向（EPS）系统是一种机电一体化的新一代车辆动力转向系统。它由转矩传感器、电动机总成、转向器和整车控制器（VCU）组成。汽车电动助力转向器是根据转向盘的转向力（即转矩传感器）、车速传感器、发动机转速等控制信号，确定转向助力的大小和方向，并驱动电动机辅助转向操作，如图 4-7 所示。

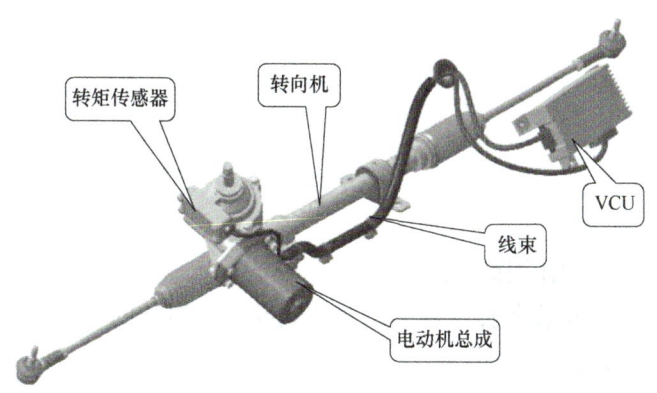

图 4-7　电动助力转向（EPS）系统的结构

1. 转矩传感器

转矩传感器检测扭力杆的扭曲，并把它转换为电信号来计算扭力杆上的力矩，将此信号输出到动力转向 ECU。检测环 1 和检测环 2 安装在输入轴上，检测环 3 安装在输出轴上。输出轴和输入轴通过扭力杆连接在一起，检测线圈和校正线圈位于各检测环外侧，不经接触形成励

磁电路，如图 4-8 所示。

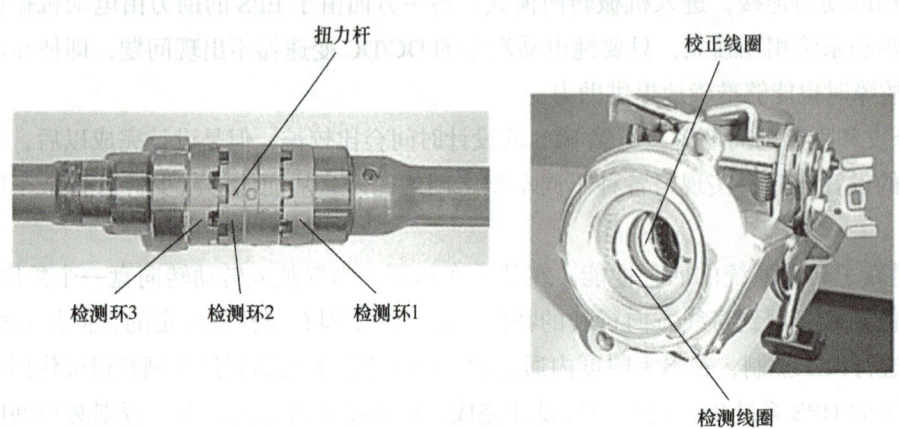

图 4-8 转矩传感器

2. 电动机总成

安装在转向器上的电动机总成由一个蜗杆、一个蜗轮和一个直流电动机组成。当蜗杆与安装在转向器输出轴上的蜗轮啮合时，它降低电动机速度并把电动机输出转矩传递到输出轴，如图 4-9 所示。

3. 转向器

转向器通过蜗轮降低动力转向电动机的转速，并将它传递到转向柱轴，如图 4-10 所示。

图 4-9 电动机总成

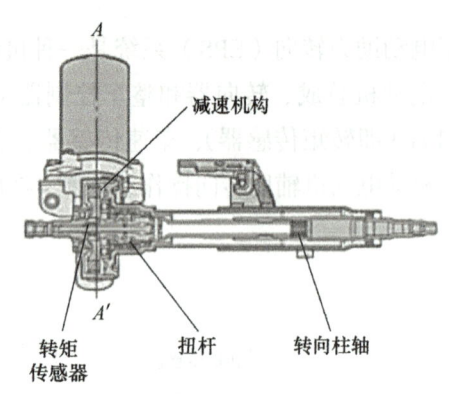

图 4-10 转向器

4. 整车控制器（VCU）

整车控制器（VCU）的作用如下：

（1）EPS 控制　VCU 接收各传感器的信号，判断车辆当前的状况，并测定施加到动力转向电动机上相应的助力电流。

对于装有车辆稳定控制（VSC）系统的车型，根据制动防滑控制 ECU 信息，联合控制转向助力力矩，使驾驶人的转向操作更灵便，提高转向稳定性。

（2）VCU 温度传感器　VCU 中的温度传感器用于检测 VCU 是否过热。如果温度传感器检测到 VCU 过热，则动力转向电动机上的助力电流会减小。

（3）诊断　如果 VCU 检测到 EPS 故障，则与出现故障的功能相关的主警告灯点亮，提示驾驶人出现故障。同时，DTC（诊断故障码）存储到存储器中。

（4）安全保护　如果 VCU 检测到 EPS 故障，则组合仪表上的主警告灯点亮，且蜂鸣器鸣响。同时，VCU 使 EPS 警告出现在显示器上，以提示驾驶人，并进入安全保护模式。

六、电动助力转向（EPS）系统的工作原理

图 4-11 所示为转向轴助力式 EPS 的组成结构，转向器选择齿轮齿条式，转向盘转矩通过转矩传感器来测得。当没有转向动作时，助力电动机不工作；当驾驶人有转向操作时，转矩传感器发出一个电压信号，电子控制单元（ECU）根据电压信号值推算得到转向盘转矩的大小及方向，同时，车速传感器将检测到的当前车速传递到电子控制单元（ECU），电子控制单元（ECU）先根据车速选择与之对应的助力特性曲线，再根据转向盘转矩进行运算处理，得到目标助力转矩的大小以及方向，再经过一系列计算确定助力电动机的旋转方向和驱动电流的大小，助力电动机根据得到的驱动电流提供相应的助力转矩，减速增矩后作用到转向轴上，为转向系统提供与工况相适应的助力。

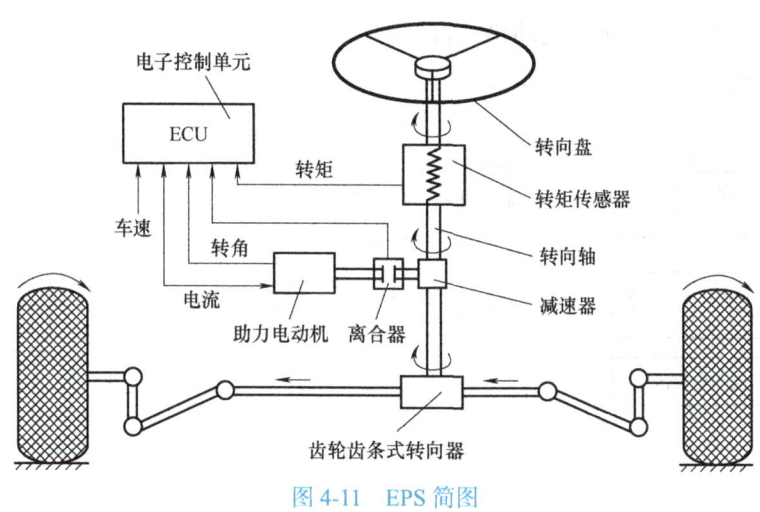

图 4-11　EPS 简图

当 EPS 发生故障时，助力电动机断电停转，离合器分离，系统不提供助力，仅保持机械转向系统的功能。

七、电动助力转向（EPS）系统的控制策略

EPS 是一个非线性、多输入多输出的控制系统，因此，控制策略的设计是 EPS 的核心技术之一。EPS 控制策略的基本功能是在不同行驶工况下的转向过程中提供最佳转向助力，从而减轻驾驶人的操作疲劳。根据不同的控制目标，控制策略可分为基本助力控制、回正控制、补偿控制、抑振控制、鲁棒控制、其他控制等。

（1）基本助力控制　设计合理的助力曲线，兼顾低速的转向轻便性和高速的稳定性。

（2）回正控制　使转向盘具有较好的回正特性，避免回正不足或回正超调。

（3）补偿控制　EPS 中除了机械部件的摩擦和阻尼因素，还有电动机和减速机构的惯量因素，因此，需要采用合适的补偿控制，减小惯量、摩擦、阻尼因素的影响，提高车辆的稳态性能和动态性能。

（4）抑振控制　当在不平路面行驶时，由轮胎传递过来的扰动会造成转向盘的振动，使驾驶人感到不适，丧失路感。

(5) 鲁棒控制　抑制系统内部的各种扰动。

(6) 其他控制　随着汽车安全性和舒适性要求的提高，EPS 的控制策略正朝着智能化的方向发展，包括个性化助力特性、自动泊车功能、车道保持功能等。

八、比亚迪 E5 电动助力转向系统

该车采用 EPS 转向器总成，内部集成了控制器、助力电动机、转向角/转矩传感器与机械转向器；采集转向角/转矩信号、车速信号控制助力大小。系统具有助力控制功能、主动回正功能、阻尼控制功能。

九、比亚迪 E5 电动助力转向系统的工作原理

汽车转向时，转矩及转向角传感器把检测到的转矩及角度信号的大小、方向经处理后传给 EPS 电子控制单元，EPS 电子控制单元同时接收车速信号，根据车速信号、转向角和转矩信号决定电动机的旋转方向和助力转矩的大小。电流传感器检测电路的电流，对驱动电路实施监控，在同一转向盘力矩输入下，电动机的目标电流随车速的变化而变化，最后由驱动电路驱动电动机工作，实施助力转向，如图 4-12 所示。

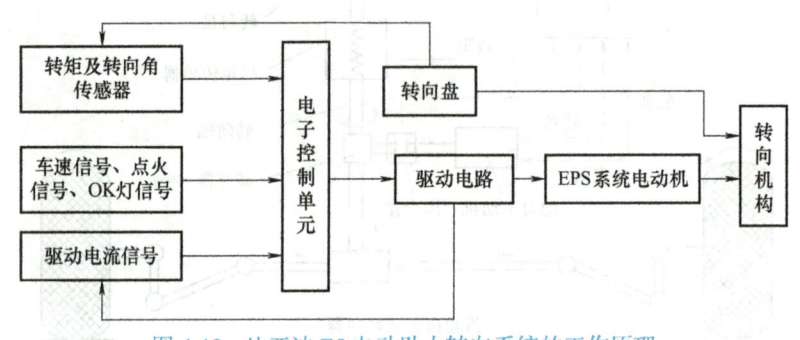

图 4-12　比亚迪 E5 电动助力转向系统的工作原理

十、电动助力转向系统的发展趋势

EPS 的应用和发展，一方面要考虑到主要零部件如各种各样的助力电动机、传感器、MCU、车载电源系统等的未来发展趋势；另外一方面要综合考虑包括车速、侧向加速度和横摆角速度等诸多因素在内的实际应用系统的发展趋势。

1. 从主要零部件的发展来看

(1) 传感器正向着集成化、小型化以及更大的工作温度范围的方向发展　传感器是 EPS 的主要部件，EPS 的传感器有车速传感器、转矩传感器、角度传感器等，主要包括非接触式光电转向传感器、接触式电阻转向传感器和新型磁阻式转向传感器。早期的 EPS 转矩传感器大多数为接触式传感器，接触式传感器工作时容易因零部件间的摩擦而造成零部件磨损。非接触式转矩传感器使用了光、磁和感应等技术，有效地避免了接触摩擦的不足，是未来传感器应用的趋势。随着人们对汽车的行驶安全性、操纵稳定性和乘坐舒适性要求的一步步提高，功能较少的传感器已经不能够满足多种不同性能的需求，如果采用多个传感器又会增加制造成本，同时还会产生安全隐患，因此传感器将会向着集成多功能的方向发展。此外，目前所使用的转矩传感器印制电路的温度应用范围较窄，为 -300~800℃，将来可以通过设计体积较小的隔热封装结构来扩大温度应用范围至 -400~1250℃，从而拓展了应用范围。另外，小型化也

将成为传感器未来的发展趋势，这就会更加减小占用空间，降低能源消耗，进而达到环保的目的。

(2) 助力电动机向着高功率的方向发展　早期的EPS是针对微型或小型汽车设计的，但是随着EPS在中型以及大型车辆上的普遍应用，对转向助力的需求日益增加。这样一来就必须要提高助力电动机的功率，也就必须增大助力电动机的直径。然而对于安装位置和尺寸大小都有很高要求的EPS特别是C-EPS来说是非常难的。所以，如何在提高助力电动机功率的同时又尽力减小电动机的整体尺寸就成了未来发展的重要方向。采用DD-EPS（电动机轴和齿条轴同轴布置）是解决的方法之一，即把齿轮齿条式转向器和电动机组合到一起，但是其外形依然较大，还有可能会与变速器或者发动机的油底壳发生干涉，所以在整车设计的时候要充分考虑如何布置。此外，在电动机选择上，目前EPS的电动机虽然大多数都是直流永磁电动机或者永磁无刷电动机，但是无刷电动机将会成为今后电动机发展的方向。

(3) 车载电源向着42V电源系统发展　在下一代汽车设计中，电子设备比例会日益增加，如车载计算机系统、网络化汽车电子设备、车载导航系统、多媒体电子元器件等的要求也逐渐增高，传统的12V电源系统已经渐渐地无法满足设计的需要。如果采用42V电源系统就可以在不增加电动机直径也不加大体积的状态下，有效地提高电动机的输出功率。特别对于C-EPS，是十分有利的。所以无论是从成本还是从电动机体积考虑，采用42V电源系统都是将来EPS的发展方向，现在欧洲国家已制订了42V电源系统的一些标准，就表明了这一趋势。纯电动汽车因为本身采取高压直流供电，所以没有12V供电电压的限制，非常容易得到12~42V之间的一系列直流供电电压。因此在未来的应用中就可以更加方便地实现42V电源系统的转换。

2. 从EPS的应用系统来看

随着汽车电子技术的发展，自动控制技术的渐渐成熟和汽车网络通信技术的普遍应用，以后很有可能去掉转向系统的机械部分而采用新兴的线控转向（SBW）系统，这也将成为EPS未来的发展方向。

线控转向系统中包含两个电动机，其中一个与汽车前轮的转向机构相连，作为转向系统的执行机构；另一个电动机则直接与转向系统传动轴相连，为驾驶人提供一定的路感力矩。因为这种转向系统中的转向轮与转向盘之间没有直接连接，而是通过软件来协调它们之间的运动，故也称作柔性转向系统。

目前，线控转向系统的实用性有所不足，要有所突破，还需要处理以下问题。

1) 软件方面，现行欧洲和中国标准出于可靠性和安全性的考虑，不允许采用线控转向系统，而且线控转向的采用也涉及事故的法律责任问题。

2) 硬件方面，需要考虑尽快生产出相应的硬件产品，保证其可靠性，并能与现在广泛采用的CAN产品共同工作，同时还需考虑降低成本；如果采用操纵杆式的线控转向系统，还涉及驾驶人的适应等问题。这些问题也正是目前众多汽车公司和科研机构重点探讨的问题。

3. 高智能化、高密集化、多功能性是控制系统的发展方向

EPS不仅要考虑到车速、转矩与转角信号等输入信号，今后的EPS还要考虑到转速、侧倾加速度、前摆角加速度、后轴荷、TRC、ABS等复杂信号多点控制的高智能部件，并可以与电子主动悬架一起协调控制。因此高智能化、高密集化和多功能性是将来EPS的发展方向，并重点提升节能性、稳定性和舒适性方面的性能。

任务实施

一、准备工作

(1) 防护装备　隔离栏、警示牌、绝缘手套、护目镜、安全帽和绝缘鞋。

(2) 实训车辆　比亚迪 E5 新能源汽车等。

(3) 工具设备　预紧式扭力扳手、棘轮扳手、短接杆、套筒等。

(4) 辅助资料　汽车维修手册、教材等。

二、实施步骤

1. 拆装 EPS 控制器

(1) 拆卸

1）将车钥匙置于 OFF 位。

2）断开辅助蓄电池负极电缆。

3）拆下右前门踏板沿箭头所指位置撬起前门踏板 1，翻转取出前门踏板 1，如图 4-13 所示。

4）拆下 A 柱下饰板，旋出塑料螺母座 1。

5）沿箭头方向将 A 柱下饰板 2 从车身上脱出，如图 4-14 所示。

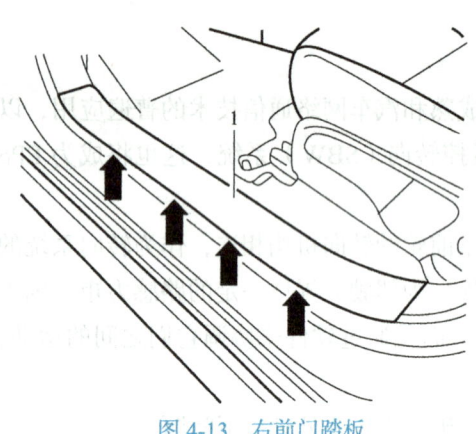
图 4-13　右前门踏板

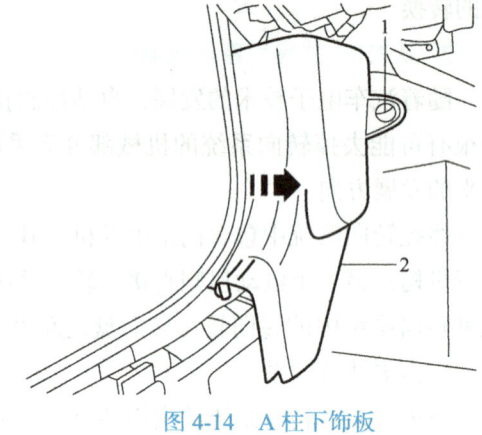
图 4-14　A 柱下饰板

6）拆下副仪表板前挡板，旋出子母扣 2。将副仪表右前挡板 1 从副仪表骨架总成中撬出，如图 4-15 所示。

7）撬下固定卡 1 和旋出螺母 3，如图 4-16 所示。

8）取下前地板搁脚板 2，如图 4-16 所示。

9）拔下 EPS 控制器连接插头。

10）拧下 EPS 控制器固定螺栓并取下控制器。

(2) 安装　按照与拆卸相反顺序进行 EPS 控制器的安装。

2. EPS 本体拆装

(1) 拆卸

1）将车钥匙置于 OFF 位。

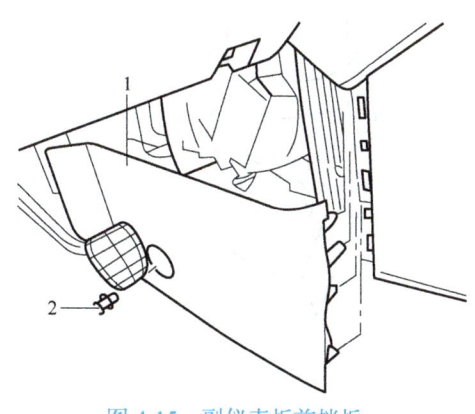
图 4-15　副仪表板前挡板

图 4-16　前地板搁脚板

2）断开辅助蓄电池负极电缆。
3）将转向盘回正，并拔出车钥匙锁定转向盘。

> **小提示**
>
> 回正一下转向盘，确定转向系统处于锁止状态。

4）拆卸车轮。
5）拆卸转向机连接线束（详见 EPS 控制器拆装步骤）。
6）拔下转向拉杆球头锁止销，不要拆下。
7）用球形万向节拉出器将转向拉杆球头总成 1 从转向节上压出，拧出螺母，将转向拉杆球头总成 1 拆下，螺母拧紧力矩：55±5N·m，如图 4-17 所示。
8）松开前悬架下摆臂锁紧螺母 1，不要拆下。

> **小提示**
>
> 螺母 1 拧紧力矩：66±6N·m。

9）用球形万向节拉出器将前悬架下摇臂主销 2 从转向节压出。
10）拧出螺母 1，将前悬架下摇臂主销拆下。
11）拆卸转向管柱连接十字轴，如图 4-18 所示。

> **小提示**
>
> 拧下螺栓 2，将十字万向节 1 从转向器上拉出。螺栓 2 拧紧力矩：23±3N·m。
> 拧出螺栓 3，从变速器上松开摆动支撑。螺栓 3 拧紧力矩：80±5N·m。

12）将举升装置放到副车架下。
13）拧出螺栓 1 和 2，并将副车架略微降低，如图 4-19 所示。

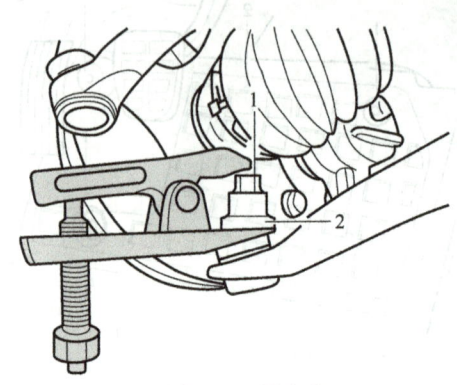

图 4-17 转向节

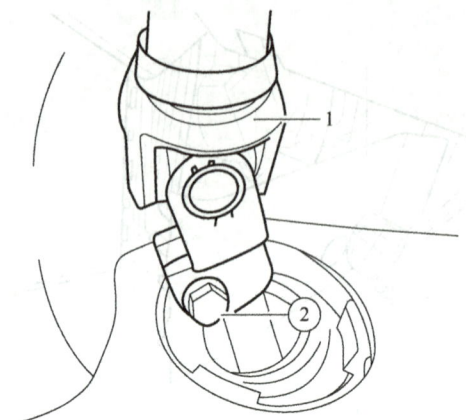

图 4-18 转向管柱连接十字轴

> **小提示**
>
> 螺栓 1 和 2 拧紧力矩：165~180N·m。

14）旋出副车架的固定螺栓。

15）将副车架和转向机总成降下。

16）旋出整体式动力转向器总成固定螺栓（箭头 A）和固定螺母（箭头 B），取下固定板，如图 4-20 所示。

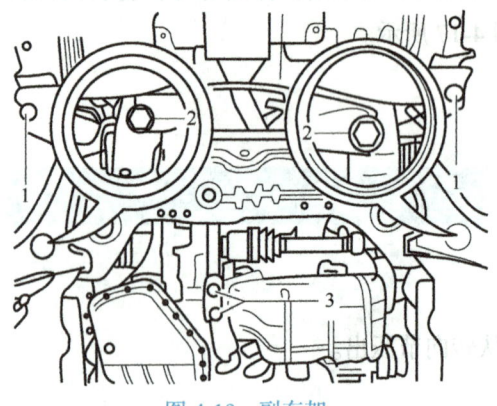

图 4-19 副车架

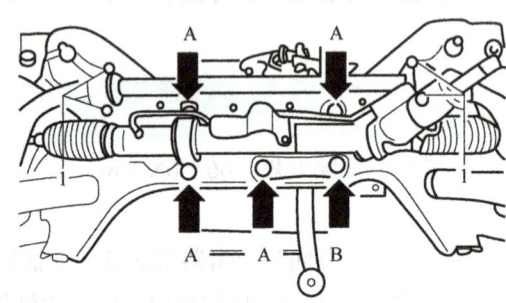

图 4-20 动力转向器总成固定螺栓

> **小提示**
>
> 注意：固定螺栓（箭头 A）拧紧力矩：90±5N·m，固定螺母（箭头 B）拧紧力矩：90±5N·m。

17）从副车架上取下转向器。

（2）安装　按照与拆卸相反顺序进行 EPS 本体的安装。

小提示

安装副车架前，将整体式动力转向器总成固定在副车架上，并安装整体式动力转向器总成的螺栓。

知识拓展

一、电动助力转向系统在国内研究历史及发展

和国外对比，国内进行电动助力转向系统及其控制技术方面的研究相对较晚一些，国内的相关研究主要是在引进国外优秀技术的前提下进行的。像对 EPS 中的核心技术的研究，如 ECU、控制技术、传感器等，和国外技术相比还存在着差距。

2000 年 9 月，我国财政部、科技部以及国家税务总局发布联合声明，把 EPS 作为汽车零部件的"高新科技产品"。同一年内，昌河北斗星汽车首先安装了 EPS，有效地推动国内 EPS 技术的研究和发展，从此我国车辆电动助力转向系统的应用拉开了序幕。从此以后，广本飞度、上海大众途安、一汽大众以及奥迪、哈飞路宝、吉利等汽车也先后安装了 EPS。另外，国内众多民企、大型国企、各大院校以及科研单位都各自或者联合开展了汽车电动助力转向系统的开发和研究工作，并取得了显著的成果，目前国内已经形成了汽车电动助力转向产品迅速发展的势头。

总的来说，国内对 EPS 的开发可以分成两个阶段，第一阶段：是以高校为主体，率先对 EPS 开展了跟随性开发和研究，例如系统结构的方案设计、动力学分析、控制性能分析和软件系统建模等，取得了许多科研成果，于是开始尝试制造样机。第二阶段：是以汽车制造商为主体，他们意识到 EPS 的巨大市场商机以后，开始大力投入资金和人力，自主研制或者与其他高校联合研究和开发 EPS 产品。

二、国外研究现状

国外自 20 世纪 80 年代中期就开始了对 EPS 的研究和生产，并日益成为世界汽车技术发展的研究热点。最早的 EPS 应用于日本的微型轿车上，1988 年 2 月日本铃木公司首先在 Cervo 车和 Alto 车上装备了 EPS。此后，EPS 在日本得到迅速发展，1993 年，日本本田汽车公司将 EPS 装备于爱克 NSX 跑车上，并取得良好的市场销售效果。同一年，在欧洲市场销售的一种经济型轿车——菲亚特 Punto 也将美国 Delphi 公司生产的 EPS 列为标准装备。此后，大众的 Polo、欧宝的 318i 也相继选用并安装了 Delphi 公司的 EPS。1999 年，德国奔驰和西门子公司开始投巨资开发 EPS；Honda 公司的 Insight 轿车也选装了 EPS；英国卢卡斯（LUCAS）公司等也对 EPS 进行了相关研制和开发。其他大型汽车公司也都在此方面做了大量研究并推出了相应的 EPS 产品，安装在微型汽车和轿车上使用。

目前，汽车电动助力转向技术在国外已日趋完善，与早期的 EPS 产品相比，后来发展的 EPS 技术更加趋于成熟。

其一，早期的 EPS 主要应用于微型汽车上，原因在于微型汽车如果安装传统的转向系统

如 HPS 等所需空间较大，故更适合安装体积较小的电动转向系统，这促进了 EPS 在微型汽车上的使用。然而随着 EPS 开发技术的日趋进步，加上其性能的优越性，目前在中型以上货车和中级以上轿车上广泛采用的机械液压动力转向器逐渐被效率更高、适应性更强的电动助力转向系统代替。EPS 的应用范围向着更大型汽车和商用汽车发展，欧洲、日本、美国的许多汽车部件供应商都开发出了自己的电动转向系统，并装于各种不同类型的车辆中。

其二，日本早期的 EPS 仅仅在低速和停车时提供助力，一般称为低速型 EPS，高速时 EPS 将停止工作。而后来发展的 EPS 则不仅在低速和停车时提供助力，而且还能在高速时提高汽车的操纵稳定性，称为全速助力型 EPS。

由 Delphi 为 Punto 车开发的 EPS 就属于全速助力型，并且它首次设置了两个转换开关，分别用于提供不同的助力，其中一个用于郊区行驶，另一个用于市区行驶。这样可以保证车辆在高速时有合适的路感，同时又能保证车辆在低速时的轻便性。

学习小结

1) 在新能源汽车中，大多数混合动力汽车和所有纯电动汽车都采用了电动助力转向系统，因为电动助力转向系统是完全独立于发动机运作的。
2) 汽车电动助力转向（EPS）系统是一种机电一体化的新一代车辆动力转向系统。

任务分析

根据这个任务，需要对纯电动汽车的转向系统进行认知、拆装和检测，通过这个任务学生能够掌握转向系统的拆装和检测。

自我评估

1. 填空题
1) 汽车电动助力转向系统是根据_____、_____、_____等控制信号，确定转向助力的大小和方向，并驱动电动机辅助转向操作。
2) 转矩传感器由_____、_____、_____及电路板组成。

2. 判断题
1) EPS 电动机为小型交流电动机。（   ）
2) 当整车处于停车下电状态时，EPS 不工作。（   ）

3. 单项选择题
车辆转向沉重可能是由于_____造成的。
A. 接插件未插好
B. 电动机转速传感器故障
C. EPS 控制器故障
D. 以上都是

新能源汽车电动助力转向系统　项目四

笔 记 栏

任务 2　新能源汽车电动助力转向系统的检修

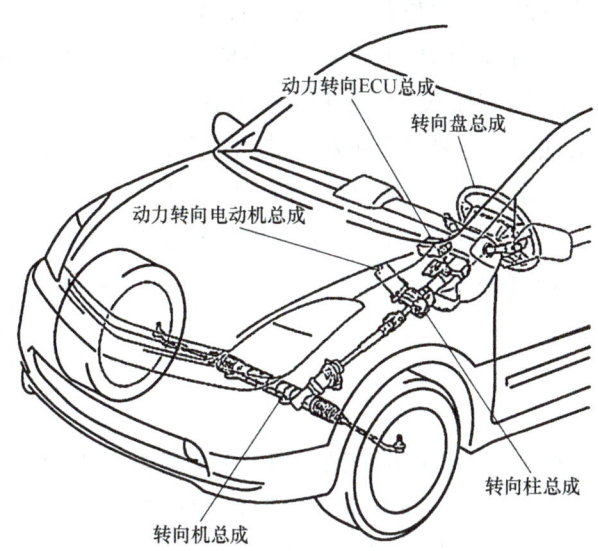

任务情境

任务描述

因为采用电力驱动的原因，新能源汽车特别是纯电动汽车的转向系统都采用电动助力转向系统，你熟悉这个系统的结构原理吗？这个系统出现故障，你能检修吗？

任务提示

根据这个任务，需要对纯电动汽车的转向系统进行认知和检测。

任务目标

知识目标

1. 掌握电动助力转向（EPS）系统的结构。
2. 电动助力转向（EPS）系统的工作原理。
3. 电动助力转向系统的常见故障。

能力目标

1. 能够正确地拆装 EPS 控制器。
2. 能够正确地进行 EPS 故障检修。

89

必备知识

一、EPS 控制策略及算法

新能源汽车在不同车速下转向时，EPS 的控制部件能够通过对助力电动机电流的控制，提供合适的转向助力，这样既减轻了驾驶人的操纵负担，又能保持一定的路感，同时还可以兼顾车辆低速时的操纵轻便性和高速时的操纵稳定性，也即是在转向轻便性和路感之间找到一个合适的平衡点。EPS 的控制策略和控制算法是 EPS 控制性能的关键，根据汽车不同转向行驶的状态，助力转向的控制方法一般主要包括助力控制、阻尼控制和回正控制。在车辆原地转向和低速行驶时，以助力控制为主；车辆中低速行驶时以助力和回正控制为主。

在车辆高速行驶时，以阻尼控制为主，防止车辆转向过快导致侧滑和翻车现象的发生。按不同的控制方式，VCU 作为 EPS 的核心部件，将所有的控制策略和算法以软件与数据的形式存储在微处理器的存储器中。

二、助力特性

EPS 的助力特性是指助力电动机提供的助力随汽车车速和转向盘转矩以及车辆运动状态变化而变化的规律。由于助力力矩大小与电动机电流成比例，所以一般用转向盘力矩为横坐标，电动机电流或输出转矩为纵坐标，同时考虑车速的变化，用它们之间的关系曲线来表示 EPS 的助力特性。

在助力控制模式下，助力特性曲线的设计是控制策略主要的设计目标，这与传统的 HPS 系统是完全不同的，HPS 系统在制造完成后，其特性曲线是固定且不能调整的，不再随外部条件的变化而变化，除非调整底盘的结构。而 EPS 是首先通过理论的分析，得到一组特定的理想特性曲线，然后，ECU 根据车速、转矩等传感器信号通过一定的算法确定助力电动机的电流，以获得合适的助力转矩，跟踪某条理想的助力特性曲线，因此 EPS 的特性曲线是可以通过软件来调整的。

早期的 EPS 产品，均属于低速型的产品，只在低速和原地转向时提供一定的助力，目前 EPS 产品均属于全速型产品，EPS 在任何车速下都提供助力。全速型的优点是车辆的高速操纵稳定性好，缺点是算法复杂，对控制系统的硬件要求较高等。

对 EPS 助力电动机输出转矩进行控制是 EPS 控制器的主要任务。利用电动机转矩和电枢电流成正比的特性，控制器中的微处理机检测转矩信号和车速信号，根据相应的控制算法进行快速运算，得到理想的助力电动机目标电流，该电流能同时表示转矩的大小和方向。

三、电动助力转向系统的基本参数

电动助力转向系统至少需要 3 个输入参数：转向盘的位置、转向盘转向力矩和车速。几乎所有的电动助力转向系统都有专用的 ECU 来控制电动机。作为车辆稳定性控制系统的一部分，许多助力转向 ECU 会与其他 ECU 保持通信，相互作用。

1. 转向盘位置

转向盘位置由滑动电位器、霍尔传感器或旋转变压器来确定。如果车辆有泊车辅助功能，则 EPS 通常会装旋转变压器，因为相比电位计或霍尔效应传感器，旋转变压器能更准确地报告转向盘的位置。

由于车辆的前轮不转动时不需要辅助系统工作，大多数电动助力转向系统必须进行校准，以识别转向盘的"零点位置"或标准值。如果电动助力转向装置在车轮转向的同时进行校准，则车辆可能发生偏转。

2. 转向盘转向力

转向盘转向力是由力矩传感器通过测量转向轴组件中扭杆的力矩计算得出的。力矩传感器产生与扭杆力矩成正比的电信号。该信号被动力转向 ECU 采用，与其他相关参数一起参与运算。

3. 车速

车速较低的时候助力能量大，转向盘轻；车速高时助力能量小，转向盘重，这样给安全行车带来好处。

四、电动助力转向系统的常见故障

电动助力转向系统的常见故障见表 4-1。

表 4-1　电动助力转向系统的常见故障

故障现象	可能的原因	修理方法
1. 转向沉重	接插件未插好 线束接触不良或破损 转向盘安装不正确（扭曲） 转矩传感器性能不良 转向器故障 车速传感器性能不良 主熔断器和电路熔断器烧坏 EPS 控制器故障	插好插头 更换线束 正确安装转向盘 更换转向器 更换转向器 更换车速传感器 更换熔断器 更换控制器
2. 在直行时车总是偏向一侧	转矩传感器性能不良	更换转向器
3. 转向力不平顺	转矩传感器性能不良	更换转向器

任务实施

一、准备工作

（1）**防护装备**　隔离栏、警示牌、绝缘手套、护目镜、安全帽和绝缘鞋。

（2）**实训车辆**　比亚迪 E5 新能源汽车等。

（3）**工具设备**　预紧式扭力扳手、棘轮扳手、短接杆、套筒等。

（4）**辅助资料**　汽车维修手册、教材等。

二、实施步骤

EPS 故障检修：

1）检查主熔丝和线路熔断器是否完好（如断开，则更换主熔断器和电路熔断器；如完好，则进行下一步）。

笔记栏

2）打开钥匙开关。

3）检查终端"D8"和控制盒体搭铁之间的电压（如和电池电压不一致，则整车信号线断开或短路；如和电池电压一致，则进行下一步）。

4）检查终端"A1"和控制盒体搭铁之间的电压（如和电池电压不一致，则整车电源线断开或短路；如和电池电压一致，则进行下一步）。

5）检车整车是否无助力可以行驶（如不是，则CAN通信不畅；如是，则进行下一步）。

6）检查插头与EPS控制盒之间连接是否牢靠（如不是，则搭铁不良；如是，则更换一个换新的EPS控制盒，重新检查）。

 知识拓展

吉利帝豪EV450故障诊断码（DTC）列表见表4-2。

表4-2 吉利帝豪EV450故障诊断码（DTC）列表

故 障 码	说 明
0xF003	电源电压过低故障
0xF003	电源电压过高故障
0x600B	转矩传感器信号1计算故障
0x600B	转矩传感器信号1不稳定故障
0x600C	转矩传感器信号2不稳定故障
0x5B00	转角传感器信号计算故障
0x5B00	转角传感器信号比较故障
0x5B00	转角传感器信号不稳定故障
0xE011	驱动电机内部电气故障
0xE011	驱动电机信号计算故障
0x600D	驱动电机旋转角度传感器内部电气故障
0xF000	控制模块校验码故障
0xF000	控制模块存储单元故障
0xF000	控制模块车辆助力参数错误
0xF000	控制模块内部电气故障
0xF000	控制模块信号计算故障
0xF000	控制模块子部件内部故障
0xF000	控制模块系统编程故障
0xF004	电源继电器内部电气故障
0xC001	高速CAN通信中断故障
0xC300	内部控制模块软件不兼容故障
0xC401	接收到ESC无效数据故障

(续)

故障码	说　明
0xC100	同 ESC 通信中断故障
0xC402	接收到 EMS 无效数据故障
0xC101	同 EMS 通信中断故障
0xE100	未完成初始化配置故障
0x5B00	未正确安装转向角度传感器故障
0x5B00	未匹配转向角度传感器故障
0x500C	直行保持补偿故障
0x600B	转矩传感器信号 1 比较故障

学习小结

1）新能源汽车在不同车速下转向时，EPS 的控制部件能够通过对助力电动机电流的控制，提供合适的转向助力，这样既减轻了驾驶人的操纵负担，又能保持一定的路感，同时还可以兼顾车辆低速时的操纵轻便性和高速时的操纵稳定性，也即是在转向轻便性和路感之间找到一个合适的平衡点。

2）汽车转向时，转矩及转向角传感器把检测到的力矩及角度信号处理后传给动力转向 ECU，动力转向 ECU 同时接收车速传感器检测到的车速信号，然后根据这两个信号决定电动机的旋转方向和助力力矩的大小。

任务分析

根据这个任务，需要对纯电动汽车的转向系统进行检测，通过这个任务学生能够掌握转向系统的检测。

自我评估

1. 填空题

1）助力控制模式是电动助力转向系统最基本的控制方法，该模式的主要功能是可以使驾驶人获得良好的＿＿＿＿和＿＿＿＿。

2）汽车转向时，转矩及转向角传感器把检测到的＿＿＿＿及＿＿＿＿处理后传给动力转向 ECU。

3）安装在转向器上的电动机总成由＿＿＿＿、＿＿＿＿和＿＿＿＿组成。

2. 判断题

1）电动助力转向系统至少需要 3 个输入参数：转向盘的位置、转向盘转向力矩和车速。　　　　　　　　　　　　　　　　　　　　　　　　（　　）

2）转向盘位置由滑动电位器、霍尔传感器或旋转变压器来确定。　（　　）

3）辅助蓄电池不足 10V 时不会引起 EPS 故障。　　　　　　　（　　）

3. 单项选择题

1) 车辆在直行时车总是偏向一侧，不可能的原因是_____。

A. 转矩传感器性能不良

B. 轮胎气压错误

C. 悬架不良

D. EPS 熔断器断路

2) 电动助力转向系统需要输入的参数不包括_____。

A. 转向盘的位置信号

B. 转向盘转矩信号

C. 车速信号

D. 空调开关信号

项目五
05 新能源汽车车载网络系统

本项目主要学习新能源汽车车载网络系统，分为两个工作任务：任务 1 新能源汽车车载网络系统的认知；任务 2 新能源汽车车联网系统的认知。通过两个工作任务的学习，掌握新能源汽车车载网络系统的结构原理与检修。

任务 1 新能源汽车车载网络系统的认知

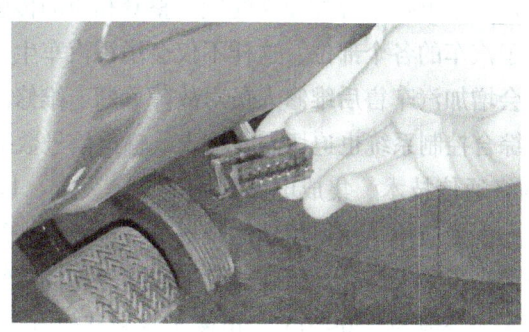

 **任务情境**

任务描述

你的主管要求你为新能源汽车的客户介绍车载网络系统的功能与操控，你能完成这个任务吗？

任务提示

根据这个任务，需要对纯电动汽车的车载网络系统进行认知与拆装。

 **任务目标**

知识目标

1. 能描述车载网络的概念。
2. 能描述新能源汽车车载网络的分类。
3. 能描述新能源汽车车载网络的要求。

能力目标

1. 能利用互联网查询车载网络系统的现状和发展。
2. 能利用比亚迪 E5 纯电动汽车整车 CAN 总线网络示教版学习。

必备知识

车载网络系统的要求

笔记栏

一、车载网络的概念

车载网络是计算机网络技术与自动化控制技术相结合产生的新兴技术领域，它支持汽车向智能化发展。人们把所有点对点连接映射为一个通信介质（总线），所有电子控制单元（ECU）共享总线、数据以位连续的形式传输，总线网络由此产生。

二、车载网络系统概述

当今，汽车行业正在经历一场重要而彻底的变革。零配件供应商的丰富想象力与汽车购买者对于舒适设备的更高要求紧密相连，并且随着汽车电子技术的不断发展，车辆上电控系统的数量不断增多，而且功能也越来越复杂。很多汽车采用了多个电控单元（ECU）。每一个电控单元都需要与多个传感器、执行器之间发生通信，而每一个输入、输出信号又可以与多个电控单元之间发生通信。如果每一个电控系统都独立配置一整套相应的传感器、执行器，那么将有大量的线束、接插件密布于汽车的各个部位，这样不仅会增添汽车生产车间组装工艺的装配困难以及车身重量，而且也会增加汽车售后维修人员对故障诊断、维修的难度。另外，为了提高汽车综合控制的准确性，综合控制系统也迫切需要输入、输出信号数据共享。

随着计算机技术、网络通信技术、集成电路技术的飞速发展，以全数字式现场总线为代表的现场控制仪表、设备的大量应用，使得烦琐的现场连线被单一、简洁的现场总线网络所代替，为工业现场控制用户带来了巨大好处。目前，已形成多种现场总线协议，与其他控制现场比，汽车内温度变化范围大，一般为 –40~80℃，电磁干扰和其他电子噪声强，环境极其恶劣，因此网络在车内运行的可靠性尤为重要。这不但体现在网络结构自身的容错能力和抗干扰能力上，而且也体现在信号的编码方式和传输方式上。汽车局域网无一例外地都采用了同步串行传输方式，数据信号多采用 PWM、VPW 和 NRZ 编码。

> **小知识**
>
> 汽车网络技术的优点是：在统一应用层协议和数据定义的基础上，可以使之成为一个"开放式系统"，具有很强的灵活性。对于任何遵循上述协议的供应商所生产的控制单元都可轻易添加入该网络系统中或者从网络系统中拆除，系统几乎不需要做任何硬件和软件的修改，这完全符合现代汽车平台式设计的理念。因此汽车电子控制采用网络化设计可大大降低设计成本。

专家认为，21 世纪的汽车电子控制将以网络技术为核心。由世界上最大的汽车零部件供应商之一的德国 BOSCH 公司于 20 世纪 80 年代初专门为汽车电子控制研发的控制器局域网协议，为当前被各国汽车制造商普遍认同的世界范围内的主流协议并被定为国际标准。众多国际知名汽车公司早在20世纪80年代就积极致力于汽车网络技术的研究及应用。迄今为止，已有多种网络标准，如SAE的J1850，ISO的VAN和BOSCH的CAN。目前，电子技术所使用的总线网络技术大概分为三类，即A类、B类和C类。A类：用于传感器、执行器的通信总线，代表的有LIN，一般通信速率在1~10kbit/s，属于低速总线。B类：用于控制单元之间的通信总线，代表的有CAN、J1850，一般通信速率在10~250kbit/s，属于中速总线。C类：用于高速、实时、大数据量传输设备间的通信总线，代表的有CAN、FlexRay、MOST、IBD.1394，一般通信速率在500kbit/s以上，属于高速总线。一般来讲，LIN、CAN、J1850总线用于车身系统，500kbit/s的CAN总线用于动力系统和安全系统，FlexRay用于安全系统和主动悬架，MOST和IBD.1394用于多媒体系统。

CAN总线是德国BOSCH公司从20世纪80年代初为解决现代汽车中众多的控制与测试仪器之间的数据交换而开发的一种串行数据通信协议，它是一种多主总线，通信介质可以是双绞线、同轴电缆或光导纤维，通信速率可达1Mbit/s。CAN总线通信接口中集成了CAN协议的物理层和数据链路层功能，可完成对通信数据的成帧处理，包括位填充、数据块编码、循环冗余检验、优先级判别等多项工作，并且在较恶劣的环境中具有可靠性好的优良性能。

LIN总线是一种低成本的串行通信网络，目标是为现有汽车网络（如CAN总线）提供辅助功能。在不需要类似CAN的高端汽车总线的带宽和多功能的场合，使用LIN总线可以大大节省成本。在LIN技术规范中，除了定义基本协议和物理层外，还定义了开发工具和应用软件接口。LIN总线基于通用UART接口，无须硬件协议控制器，几乎所有微控制器都具备LIN必需的硬件。LIN通信基于SCI（UART）数据格式，采用单主控制器/多从设备的模式，无须仲裁机制。LIN从节点不需晶振或陶瓷振荡器就能实现自同步，节省了从设备的硬件成本，和CAN总线一样不需要改变LIN从节点的硬件和软件就可以在网络上增加节点。通常一个L1N网络上节点数目小于16个，共有64个标志符。LIN的传输速率最高可达20kbit/s。

CAN（Controller Area Network）即控制器局域网络，最初是德国BOSCH公司为汽车的监测与控制而设计，以解决汽车众多控制设备与仪器仪表之间的大量数据交换用硬件接线带来的问题。当今CAN的应用已不再局限于汽车行业，而向过程工业、机械工业、机器人、数控机床、医疗器械和传感器等领域发展。CAN节点数从20世纪90年代开始直线上升，增加趋势明显。CAN也是唯一形成国际标准的串行通信协议。

三、新能源汽车车载网络的分类

随着科技的发展，需求的提升，因为存在着多种车用网络的执行标准，相关的委员会将汽车的数据传输网络大致分为A类、B类和C类三种。

1. A类

A网络主要是针对传感器或执行器操控的低速网络，它的数据传输速率相对来说较低，通常只有1~10kbit/s。多数用在灯光照明、座椅调节、电动门窗控制等上面，在A类网络中，协议标准也存在着多种，目前，LIN总线正在逐步发展，这种总线的协议主要是面对低端通信，它所要求的通信速率环境并不高，可由单总线的方式来完成整个操控过程。

2. B类

B类网络属于中速的网络，所面向的多数是独立模块，在模块间完成对数据的共享作用，速率一般在10~100kbit/s之间。一般运用于车辆的信息控制中心，作用是诊断车辆所产生的各类故障，如仪表盘故障、指示灯的警告功能、各类安全气囊和自动空调系统的自检等。这类网络系统的标准主要包括控制器、各类处理器（ECU、TCU、BMS 等模块）、局域网协议三个方面。在故障诊断和容错性能方面，控制器局域网具有显著的优势，对汽车内部的电子系统可靠性、实时性有着较高的要求，并在将来的一段时间内占据着无法替代的地位。

3. C 类

C 类网络是一个面向高速网络，具有实时闭环控制功能的多路性数据传输，网络速率需求最高可达 20Mbit/s 以上，主要用于车载多媒体及导航控制、人工智能服务、牵引控制、悬架控制等，以简化式分布方法控制来减少对车身线束的需求。在这类标准中，日系和欧系汽车上多采用拥有高速通信控制器的局域网。除此之外，利用 3G 物联卡、4G 专网技术结合 TCU 通信模块，使得其速率性能大幅提高。随着网络技术的日新月异，与其配套的各类控制器、执行器功能也将会得到大幅的提升，网络标准也会进行不断的完善和提高。新能源汽车车载网络的分类见表 5-1。

表 5-1 新能源汽车车载网络分类

网络分类	数据传输速率	应用场合
A 类	低速，<10kbit/s	应用于只需传输少量数据的场合，如车门的开启与关闭
B 类	中速，10~100kbit/s	应用于一般的信息传输场合，如仪器、仪表
C 类	高速，>100kbit/s	应用于实时控制场合，如动力系统等

四、新能源汽车车载网络的要求

1. 多媒体娱乐及信息系统

这个领域的数据传输要求相对来说较高，不仅在通信的速率上，而且还要具备高带宽或是高速无线传输的能力。

2. 拥有更加安全稳定的线控系统

由于这个系统在制动和导航系统上所涉及的安全性很高，因此在数据交换中对传输的实时性、可靠性、容错性有着更高的技术要求。

3. 车身系统的控制

就此领域而言，已经拥有近三十年的技术积累和广泛的商业应用，技术环境相对成熟。其中包括了传统的车身控制系统和电动辅助控制系统。

4. 支线端控制系统

这个系统主要是一些简单的电子控制单元，如对随动前照灯、电动天窗及后视镜的控制和对载有智能传感器车门的控制等。对 LIN 技术的广泛应用是当下各家车企的主流方向。

五、CAN 总线的特点

随着汽车上电子设备越来越复杂，为了减少电线数量，汽车网络应运而生，并且得到了广泛的应用。汽车总线在本质上是通过某种规定的协议将汽车内的各个电控单元连接到一起，形成一个局域网。各部分电控单元采集相关信息送往总线显示，或者自身的传感器等部件执行总线上对应的控制命令。所以，车辆内部智能网络一般由车辆总线和各电控单元的传感器构成。CAN 控制器局域网主要为解决现代汽车中众多的控制单元之间的数据交换和通信而设计，是国际上应用最广泛的现场总线之一，其有以下特点。

1）CAN 可以多主方式工作，网络上任意一个节点均可以在任意时刻、主动地向网络上其他节点发送信息而不分主从，通信方式灵活。利用这一特点，也可以方便地构成（容错）多机备份系统。

2）CAN 采用短帧结构，每一帧的有效字节数为 8 个。这样短的传输时间，受干扰的概率低，重新发送时间短。

3）CAN 可以点对点、一点对多点及全局广播的方式传送和接收数据。

4）CAN 网络上的节点可分成不同的优先级，满足不同的实时要求。

5）CAN 每帧信息都有 CRC 校验及其他检错措施，保证了极低的数据出错率。

6）CAN 采用非破坏性总线仲裁技术。当两个节点同时向网络上传送信息时，优先级低的节点主动停止数据发送，而优先级高的节点可不受影响地继续传输数据，有效地避免了总线冲突。

7）CAN 节点在错误严重的情况下具有自动关闭输出功能，即切断它与总线的联系，以使总线上其他节点的操作不受影响。

六、CAN 的分层结构

CAN 协议是建立在 ISO/OSI 标准模型基础上的，不过其模型只取 OSI 底层的物理层、数据链路层和顶层的应用层，其信号传输介质可以是双绞线、同轴电缆或光导纤维。CAN 可提供高达 1Mbit/s 的数据传输速率（此时通信距离最长为 40m），直接传输距离最远可达 10km（速率 5kbit/s 以下）。

CAN 总线通信接口集成了 CAN 协议的物理层和数据链路层功能，可完成对通信数据的成帧处理，包括位填充、数据块编码、循环冗余检验、优先级判别等。CAN 协议的一个最大特点是废除了传统的节点地址编码，而对通信数据块进行编码。采用这种方法可使网络内的节点个数在理论上不受限制，但在实际应用中，节点数目受网络硬件的电气特性所限制。CAN 协议采用 CRC 检验并可提供相应的错误处理功能，保证了数据通信的可靠性。

根据协议，CAN 节点的结构可划分为两层：数据链路层和物理层。其中数据链路层又包括逻辑链路控制子层 LLC 和介质访问控制子层 MAC。在 CAN 技术规范 2.0A 版本中，数据链路层的 LLC 和 MAC 子层服务及功能被描述为"对象层"和"传输层"，CAN 的分层结构如图 5-1 所示。

（1）LLC 子层的功能　为数据传送和远程数据请求提供服务，确认由 LLC 子层接收的报文实际已被接收，并为恢复管理和超载提供信息。在定义目标处理时，存在许多灵活性。

（2）MAC 子层的功能　MAC 子层的功能主要是传送规则，即控制帧结构、执行仲裁、错误检测、出错标定和故障界定。MAC 子层也要确定当开始一次新的传送时，总线是否开放或者马上开始接收。位定时特性也是 MAC 子层的一部分。

LLC 和 MAC 两个同等的协议实体通过交换帧或协议数据单元相互通信。物理层定义了物理数据在总线上各节点间的传输过程，主要是连接介质、电路电气特性、数据的编码/解码、位定时和同步的实施标准。CAN2.0 技术规范没有定义物理层，也可以根据实际中的应用，对发送媒体和信号电平进行优化。

七、CAN 总线在新能源汽车上的应用发展

使用什么样的能源作为动力，是传统燃油车和新能源汽车的最大区别。新能源汽车就是

用动力蓄电池和驱动电机的组合来替代油箱和发动机。目前，新能源汽车的关键技术集中在电机的驱动、动力蓄电池的管理以及整车的电控三大方面。当然，新能源汽车的控制系统还包括车身控制系统、人机显示、真空助力系统等部分，每个设备都构成了独立的控制单元。在许多中高级汽车上，整车还配备了驱动防滑控制系统（ASR）、安全气囊系统（SRS）、巡航控制系统、悬架系统、防抱死制动系统（ABS）、空调系统及其他一些电控单元。越来越多的控制设备和通信设备的出现，使得各电子控制单元之间有了越来越密切的联系，大量的电控单元通过总线通信构成了基于CAN总线的汽车控制系统网络。

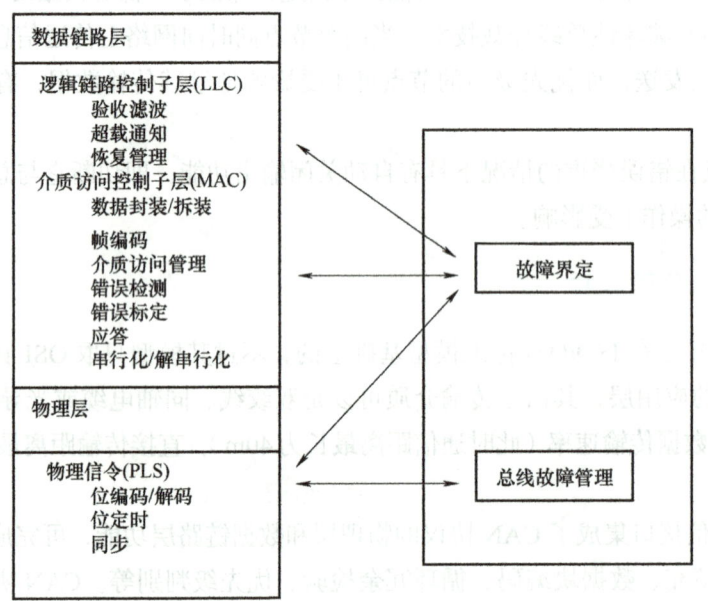

图 5-1　CAN 的分层结构

目前，主流的纯电动汽车的整车网络是由两条总线构成，即低速 CAN 总线和高速 CAN 总线。低速 CAN 总线和高速 CAN 总线在网络上是互相独立的。为了在某些时刻使得低速网和高速网相互访问，一般都通过网关连接这两个总线网络，它们之间通过网关来共享数据。如此一来，两条总线都独立工作，只有当两条总线间发生数据交换时才通过网关进行传输。这种网络设计可以将不同类型的数据信息区分开，从而大大减轻了各条总线上的负担。

小知识

目前，我国新能源汽车总线研究开发的关键技术问题集中在以下方面：
1）网络技术的支持。
2）总线通信的速率、容量、优先级的配置等技术问题。
3）可靠的传输性，尤其是在强电磁干扰的情况下。
4）如何选择最大传输时的延时时间。
5）网络的监控和容错等功能。

伴随汽车电子技术的迅猛发展，CAN总线这一具备优越性能的技术将得到更广泛的应用和飞速的发展。

八、LIN 规范的产生与发展

根据 SAE 分类，A 类网络通信标准的数据传输位速率在 1~10kbit/s 之间。在该类网络中存有多种协议标准，然而没有一种协议能成为各大公司共同遵循的标准。各个汽车生产商都试图建立起自己的低速网络标准，因此，一直以来，A 类网络通信标准繁杂，未能得到有效的统一。但是这一状况随着 LIN（Local Interconnect Network）总线的推出而得到解决。

1998 年，汽车制造商奥迪（Audi）公司、宝马（BMW）公司、戴姆勒-克莱斯勒（Daimler Chrysler）公司、沃尔沃（Volvo）汽车公司、大众（Volkswagen）汽车公司、通信领域的专业厂商火山通信技术（Volcano Communications Technologies，VCT）公司以及半导体生产商摩托罗拉（Motorola）公司共同创建了 LIN 协会，其目的是为汽车网络系统提供一个开放的 A 类串行总线通信标准。允许在此基础上开发汽车低端网络系统，并且不需要使用者支付使用费或版税。

LIN 是用于汽车分布式电控系统的一种新型低成本串行通信总线，它是一种基于串行的数据格式、主从结构的单线 12V 的总线通信系统，主要用于智能传感器和执行器的串行通信，而这正是 CAN 总线的带宽和功能所不要求的部分。由于目前尚未建立低端多路通信的汽车标准，而从价格和实用性等因素考虑，LIN 在 A 类网络内与这些网络相比有很强的竞争力，因此 LIN 正逐渐发展成为低成本的串行通信的行业标准。

1999 年 7 月，LIN 规范发布了 1.0 版本，2000 年，LIN 规范做了两次更新，2000 年 11 月发布了 LIN 规范 1.2 版本。到了 2002 年 11 月，LIN 协会发布了 LIN 规范标准 1.3 版本，这个版本为了提高节点之间的兼容性，主要在 LIN 总线的物理层做了一些修改。2003 年，LIN 协会又发布了 LIN 规范 2.0。这个新的 LIN 规范 2.0 对前一版本的规范做了进一步的改良。除了某些特殊的情况，根据 LIN2.0 设计的节点可以与 LIN1.3 设计的节点相互通信。同时，对于那些已经发现问题和需要重写的地方，LIN 规范 2.0 都做了完全的重写。

小知识

LIN 规范 2.0 标准由以下规范部分组成：
1）LIN 物理层规范—描述了 LIN 总线的物理层，包括位传输速率、时钟容错范围等。
2）LIN 协议规范—描述了 LIN 总线的数据链路层。
3）LIN 诊断和配置规范—描述了如何在数据链路层之上提供诊断信息和节点配置服务。
4）LIN 应用程序接口规范—描述了网络和应用程序之间的接口，包括诊断模块。
5）LIN 配置语言规范—介绍了 LIN 配置文件的格式。LIN 配置文件用于配置整个网络，并作为 OEM 和不同网络节点的供应商之间的通用接口，同时可作为开发和分析工具的一个输入规范。

LIN 总线协议是面向车辆低端分布式应用的一类多路复用串行协议，是一种低成本的串行通信网络，用于实现汽车中的分布式电子系统控制。LIN 的适用范围是带单主机节点和一组从机节点的多点总线，LIN 的目标是为现有汽车网络（例如 CAN 总线）提供辅助功能，LIN 将是在汽车中使用汽车分级网络的启动因素。LIN 的标准化将简化多种现存的多点解决方案，而且将降低汽车电子的开发、生产、服务和后勤成本。

单主多从配置方式，配置灵活的网络结构，LIN 网络的拓扑结构为总线型，网络中只有一个主节点，其余均为从节点。主节点控制整个网络的通信，网络中不存在冲突，不需要仲裁。整个网络的配置信息只保护在主节点中，从节点可以自由地接入或脱离网络而不会对网络中的其他节点产生任何影响。网络中的节点数不仅受标识符长度的限制，而且还受总线物理特性的限制。实际应用中 LIN 网络中挂接的节点数不高于 12 个。单线传输，速率最高达 20kbit/s，LIN 单线传输最大距离不超过 40m，最大比特率受电磁干扰的限制最高达 20kbit/s，受网络传输的超时限制，最小为 1kbit/s。这一速度能满足多数智能传感器和执行器的通信要求。推荐 LIN 比特率见表 5-2。

表 5-2 推荐 LIN 比特率

慢 速	中 速	高 速
2400bit/s	9600bit/s	19200bit/s

通信时不会产生冲突，无须仲裁，故网络的最大传输延时能通过计算准确得出，从而为可靠通信提供保障。从节点的时钟同步不需要内部石英或陶瓷振荡器，由于通信速率不是很高，网络中从节点可以利用主节点发出的同步场进行同步而不需要从节点内的石英或陶瓷振荡器。低成本的硬件接口及使用最为普遍的硬件接口是 LIN 最初开发的主要目标之一。LIN 的物理层采用普遍的 SCI/UART 标准硬件接口，并通过总线收发器连接至 LIN 网络。由于大多数单片机中都含有 SCI 接口，因此网络中的从节点可以由廉价的单片机来开发，这样就降低了整个网络的成本。在 LIN 信息帧中，数据场长度可变，可以选择为 2、4、8 个字节。睡眠和唤醒网络空闲时，主节点发出睡眠命令使整个网络进入睡眠。睡眠命令只能由主节点发出，网络中任何的一个节点都可以发出唤醒信号来唤醒整个网络。

九、LIN 的分层结构

LIN1.2 规范根据 OSI 参考模型，被分为物理层和数据链路层。

1. 物理层

物理层定义了信号如何在总线媒体上传输，本规范中定义了物理层的驱动器 / 接收器的特性。

2. 数据链路层

1）媒体访问控制 MAC（Medium Access Control）子层是 LIN 协议的核心。它管理从 LLC 子层接收到的报文，也管理发送至 ULLC 子层的报文。MAC 子层由故障界定这个管理实体监控。

2）逻辑链路控制 LLC（Logical Link Layer）子层涉及报文滤波和恢复管理的功能。

十、LIN 总线特点

LIN 总线协议是一种建立在通用的 SCI/UART 硬件接口上，并将分布在车辆不同位置的智能传感器和执行器连接到车内主体网络的单总线、局部互连的串行通信协议。它采用总线型拓扑结构，单主多从介质访问方式，是一种面向底层的控制协议。

LIN 的实现比较简单，只要具有 SCI 的单片机都可以用作 LIN 网络的从节点。但是 CAN 网络中必须有一个主节点将该网络连接到主网上，所以 LIN 网络不是 CAN 的替代品而是它的补充。LIN 网络提高了汽车分层多路复用网络的性能，降低了汽车电子控制装置的开发、生产及诊断的服务成本。

> **小知识**
>
> 它的主要特性有:
> 1) 成本低、具有标准的 SCI/UART 接口。
> 2) 单主节点/多从节点的主从结构, 无须总线仲裁机制。
> 3) 通信时能监测传输响应时间, 通信速率最高可达 20kbit/s;
> 4) 数据帧长度可变 (1~8 字节), 配置灵活。
> 5) 多点广播接收方式, 从节点无须高精度振荡器, 可实现自同步。
> 6) 无须改变 LIN 从节点的软硬件就可增加网络从节点。
> 7) 具有数据校验和错误检测机制。
> 8) LIN 网络上节点数目一般不超过 12 个。

十一、LIN 总线的工作原理

报文传输是由报文帧的格式形成和控制。报文帧由主机任务向从机任务传送同步和标识符信息, 并将一个从机任务的信息传送到所有其他从机任务。主机任务位于主机节点内部, 它负责报文的进度表、发送报文头。从机任务位于所有的(即主机和从机)节点中, 其中一个(主机节点或从机节点)发送报文的响应。LIN 总线拓扑结构如图 5-2 所示。

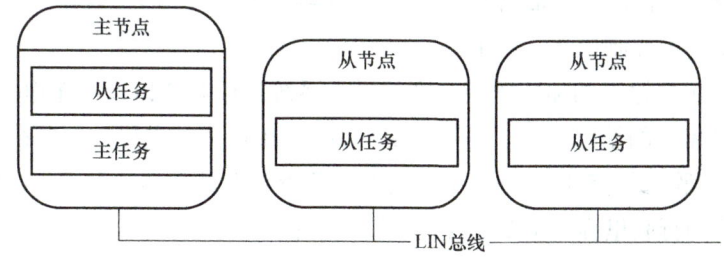

图 5-2　LIN 总线拓扑结构

在汽车电控系统的设计中, 首先应该从安全的角度来考虑, 对于关键实时控制部分, 如汽车发动机、制动装置、安全气囊等单元采用 CAN 总线控制; 而对于那些与安全无关的单元, 如灯控单元、门控单元、座椅控制单元等出于成本的考虑可以采用 LIN 总线控制方式。这样, 汽车的通信网络就由 CAN 网络和 LIN 网络构成。为实现整车 CAN 网络和 LIN 网络之间信息互通, 网关应运而生。图 5-3 给出了整个车载网络结构。

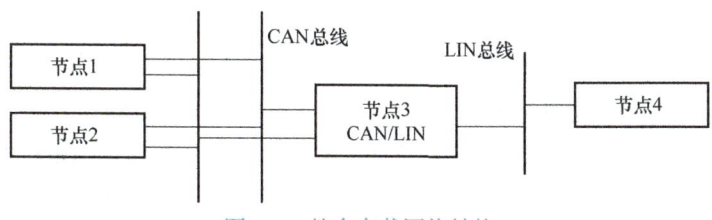

图 5-3　整个车载网络结构

为了实现 CAN、LIN 网络之间的通信, 需要设计一个 CAN-LIN 网关节点 3。该网关可以将 CAN 数据帧透明传输到 LIN 网络, 也允许 LIN 数据帧透明传输到 CAN 网络。即网关接收到 LIN 数据帧后，LIN 标志符将被转换为 CAN 标志符，然后作为 CAN 数据在 CAN 网络中传送；网关接收到 CAN 数据帧后，CAN 标志符将被转换为 LIN 标志符，然后作为 LIN 数据在 LIN 网络中传送。

这就要求网关必须可以与 CAN 网络进行通信，即网关必须拥有 CAN 通信单元的功能。同样，网关也必须拥有 LIN 通信单元的功能。作为智能节点，网关需要一个微控制器负责整个网关的控制。因此，网关硬件设计必须包括 CAN 通信单元、LIN 通信单元和微控制器三部分，网关结构示意图如图 5-4 所示。

图 5-4　网关结构示意图

十二、纯电动汽车的网络结构

目前，纯电动汽车控制系统中，通常包含 4 个节点，分别是网络主控制单元 ECU、电机控制器单元 ECU、蓄电池管理系统单元 ECU 和 CAN 总线控制单元，其结构图如图 5-5 所示。

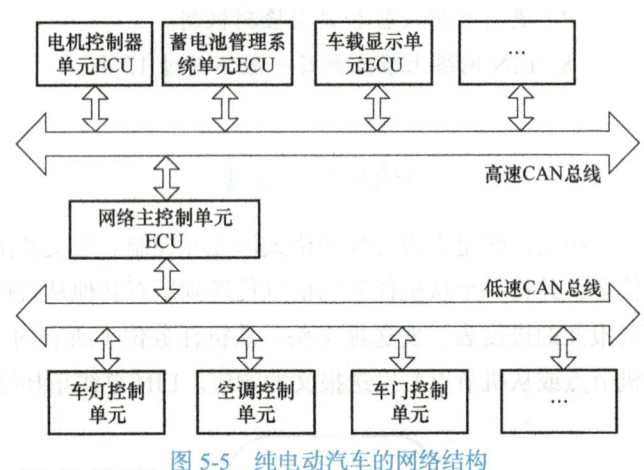

图 5-5　纯电动汽车的网络结构

1. 网络主控制单元 ECU

网络主控制单元 ECU 起到全局的控制作用，它接收来自汽车传感器上的信息，通过 A-D 转换后发布到 CAN 总线，CAN 总线再将整车信息发布给其他节点，以便控制其他控制单元。最主要的功能是通过传感器输入的加速踏板开度信号、系统当前状态以及汽车电池荷电量（SOC）来计算出驱动电机需要的给定转矩，再用 CAN 总线发布给驱动电机控制系统，使得驱动电机正常工作，输出车辆需要的转速。网络主控制器将负责整车的数据的发送与接收，以实现网络利用率，获得更大的行驶里程。主要表现在以下两点：

1）当动力蓄电池余量少于总电量的 10% 时，它会对空调、车窗等发出指令，限制电动附件的输出功率。

2）驱动电机工作的额定转速为 3000r/min，峰值转速为 5600r/min，当转速超过 5600r/min 时，网络主控制器将发出降低输出转矩的命令，如再上升，将封锁控制器的输出，蜂鸣器会发出报警信号，驾驶人则根据提示合理控制加速踏板的开度，使汽车行驶具有更高的安全性。

另外，为了更直观地掌握车辆的运行状况，需要将车辆数据通过组合仪表显示出来，以实现人机交互的目的。

2. 电机控制器单元 ECU

电机控制器单元 ECU 作为纯电动汽车的驱动部件，其主要功能是根据网络控制器给定的转矩信号作为输入，控制驱动电机的正常运行，整个系统采用电流转速双闭环调速方式。在本项目的纯电动汽车研究中，采用了额定功率为 10kW 的三相交流异步调速电机控制器。三相交流异步电机具有结构简单、运行可靠、价格便宜、过载能力强及使用、安装、维护方便等优点。

3. 蓄电池管理系统单元 ECU

蓄电池管理系统单元 ECU 用来控制整个纯电动汽车的能量供给，在纯电动汽车系统中，动力蓄电池除了给驱动电机供电外，还要给电动空调、车门、车窗、刮水器等一些电动附件供电。

4. CAN 总线控制单元

CAN 总线控制单元主要接收来自于电机控制器和蓄电池管理系统的数据，然后在总线上发布，并将数据发送给网络控制单元。同时，接收来自网络控制单元的信号，将信号又通过总线发送给各子控制单元，完成对总线数据的实时传输、实时记录和实时监控。

车载各控制子系统都通过 CAN 总线来传输数据，实现数据的交换，并合理分配数据字节空间，保证数据帧中有效信息的比例。

十三、汽车车载网络系统故障诊断

装有车载网络系统的汽车出现故障时，应该首先检测多路信息传输系统的工作状况。

1. 故障诊断检测方法

（1）供电系统故障检测　汽车网络系统正常的工作电压应该保证在 10.5~15.0V。如果汽车电源系统提供的电压低于该范围，就会造成某些电控设备不能正常工作，从而使整个通信网络中断，对于电源故障，需要检查蓄电池电压、发电机工作情况、熔断器及接插件的连接状况、搭铁处的连接状况等。

（2）节点故障检测　在检查车载网络传输系统前，首先要检查网络中各节点的工作状况，判断是否存在功能性故障，功能性故障会影响网络中局部系统的工作。若存在功能性故障，应首先排除。对于诊断传感器是否有功能性故障，可以通过检测传感器的电压值、电阻值等参数来诊断。

（3）链路故障检测　当车载网络系统的链路（或通信线路）出现故障时，如通信线路的短路、断路以及电路物理性质引起的通信信号衰减或失真，都会引起多个控制单元无法工作或控制系统错误动作。判断是否为链路故障时，一般采用示波器或汽车专用光纤诊断来观察通信数据信号是否与标准通信数据信号相符。

2. 故障诊断基本步骤

针对汽车车载网络系统常见的 3 种故障类型，基本的诊断步骤是：

1）了解该车型的汽车多路传输系统特点（包括：传输介质、几种子网及汽车多路信息传输系统的结构形式等）。

2）了解汽车多路信息传输系统的功能，如有无唤醒功能和休眠功能等。

3）检查汽车电源系统是否存在故障，如交流发电机的输出波形是否正常（若不正常将导致信号干扰等故障）等。

4）检查汽车多路信息传输系统的链路是否存在故障，采用替换法或采用跨线法进行检测。

5）如果是节点故障，只能采用替换法进行检测。

3. 故障诊断注意事项

1）电路或插接器需要维修时，都要采用汽车维修手册制订的方法进行维修。在检查控制模块所有的电源和搭铁电路后，才能确定该控制模块是否发生故障。首先识别该模块的电源和搭铁电路，然后采用数字万用表进行检查。

2）使用测试器时，其开放端电压应为 7V 或更低。不要在测量端施加 7V 或更高的电压。

3）导线维修必须焊接，不允许将导线拧接。

4）不要触摸动力系统接口模块线束插接器端子或动力系统接口模块电路板上的锡焊元件，以防静电放电造成损坏。

5）为避免损坏线束插接器端子，在对动力系统接口模块线束插接器进行测试时，务必使用合适的线束测试引线。

6）维修数据总线时。必须使用正确规格的导线，总线电路中的高阻抗会导致网络发生故障。

7）由于动力系统接口模块电路具有一定的敏感性，因此制订了专门的电路修理程序，要严格执行。

8）确保所有线束插接器正确固定。

9）所有的双绞线在每2.5cm内必须至少有一个扭绞（为了防止电磁干扰），并且在与模块连接的25cm范围内必须扭绞（最好不大于10cm）。

10）在安装新的动力系统接口模块前，确保要安装的类型正确，务必参见最新的备件信息。

11）当插头需要更换时，只能更换认可的电气插头，以保证正确地配合并防止电路中电阻过大。在更换新的控制单元后，必须对新的控制单元进行重新编码，控制单元的编码工作可以用厂家专用的诊断仪进行，按菜单提示进行操作。

十四、比亚迪 E6 新能源汽车车身 CAN 总线系统

比亚迪 E6 车身 CAN 网络传输技术采用多路传输的技术原理。多路传输系统是多个模块完成某一特定功能的电路或装置，可以在同一通道或电路上同时传输多条信息。

比亚迪 E6 CAN-BUS 系统拓扑图如图 5-6 所示。

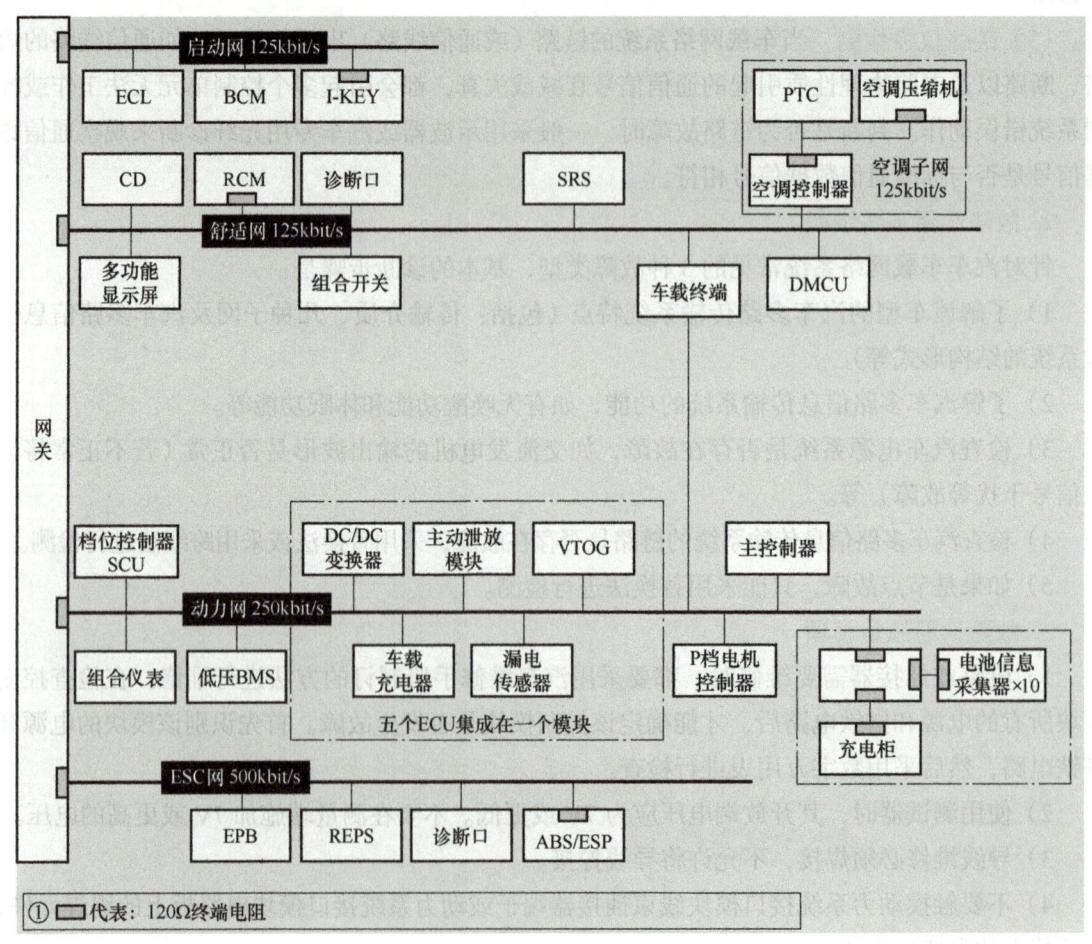

图 5-6 比亚迪 E6 CAN-BUS 系统拓扑图

十五、吉利帝豪 EV450CAN 总线简介

CAN 总线的通信介质是双绞线，其中高速 CAN 总线的通信速率为 500kbit/s。双绞线终端为 2 只 120Ω 的电阻，高速 CAN 总线是差分总线。高速 CAN 总线串行数据总线（H）和低速 CAN 总线串行数据总线（L）从静止或闲置电平驱动到相反的极限。大约为 2.5V 的闲置电平被认为是隐性传输数据并解释为逻辑 1。将电路驱动至极限时，高速 CAN 总线串行数据总线（H）将升高 1V 而低速 CAN 总线串行数据总线（L）将降低 1V。极限电压差 2V 被认为是显性传输数据并解释为逻辑 0，如图 5-7 所示。

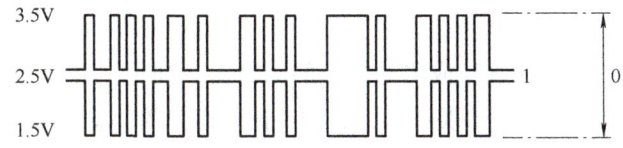

图 5-7 吉利帝豪 EV450CAN 总线电平曲线

发送 CAN 信号时，电流从控制器的发送端流到 CAN-H 线，经过终端电阻流入 CAN-L 线，再返回控制器的接收端。如果通信信号丢失，程序将针对各控制模块设置失去通信故障码。该故障码可被故障诊断仪读取。

> **小提示**
>
> 注意：串行数据丢失故障码不表示设置该故障码的模块有故障。

十六、吉利帝豪 EV450CAN 总线说明及应用

该车辆有 2 路 CAN 通信总线。CAN 总线网络由以下部件组成：BCM、诊断接口（DLC）、ACM（辅助控制模块）、ACU（安全气囊模块）、ABS/ESP、VCU（整车控制器）、PEPS、TCU、BMS（蓄电池管理系统）、TEM、MCU（电机控制器）、组合仪表、空调控制器、EPB（电子驻车模块）、转向角传感器、电动压缩机、DVD、EPS（电动助力转向）、低速预紧控制器、远程监控模块、OBC（车载充电机）等。

PEPS（无钥匙进入/起动模块）使用 LIN 总线与起动开关、电子转向锁中的防盗基站进行数据通信，以验证遥控钥匙的有效性。

BCM 使用 LIN 总线与前、后、左、右 4 个车门的电动窗升降电动机及诊断接口进行数据通信。空调控制面板使用 LIN 总线与电加热器（PTC）、加热器水泵进行数据通信。

K 线用于外部测试设备和车载诊断接口之间的诊断通信。传输速率 10.47kbit/s。传输信号时，其电压在 0V 和 12V 之间切换：12V，逻辑"1"；0V，逻辑"0"。

使用外部测试设备可通过车载诊断接口之间的 K 总线访问 ABS/ESP、组合仪表、空调控制器、TPMS 等模块的诊断数据。

任务实施

一、准备工作

（1）**防护装备** 隔离栏、警示牌、绝缘手套、护目镜、安全帽和绝缘鞋。

(2) 实训车辆　比亚迪 E5 新能源汽车等。

(3) 工具设备　预紧式扭力扳手、棘轮扳手、短接杆、套筒等。

(4) 辅助资料　汽车维修手册、教材等。

二、实施步骤

根据实训室的车辆配置，完成以下车载互联及 CAN 系统相关的操作。

1. 利用互联网查询车载网络系统的现状和发展

打开电脑或移动终端的浏览器，利用"百度"等浏览器搜索功能，搜索"车载网络、现状、发展"等关键词，查询并记录相关的信息。

2. 比亚迪 E5 纯电动汽车整车 CAN 总线网络示教版学习

利用比亚迪 E5 纯电动汽车整车，学习 CAN 总线系统的结构和数据传输方式。

3. 比亚迪 E5 纯电动汽车网关的拆装

（1）拆卸

1）拆卸杂物盒。

2）拆卸网关控制器。

3）断开接插件。

4）用 10# 套筒拆卸 1 个螺栓。

5）取下网关控制器。

（2）安装

1）安装网关控制器。

2）将网关控制器对准安装孔。

3）安装 1 个固定螺栓。

4）接上接插件。

5）安装杂物盒。

 知识拓展

一、车载局域网络系统的发展历程

随着汽车技术的不断发展，对汽车各方面的性能要求越来越高。人们在追求车辆动力性和操控性能的同时，对舒适性和安全性能也提出了更高的要求。20 世纪 90 年代以来，随着集成电路在汽车上的广泛应用，汽车上的电子控制系统越来越多，例如电子燃油喷射装置、防抱死制动装置（ABS）、安全气囊装置、电动门窗装置、主动悬架等。各种电子控制系统的导入和应用使汽车的各项功能更加完善，控制更加精确和灵活，智能化程度也不断提升。然而，功能的日益增加和完善使车载电子控制模块的数量以惊人的速度增加。与此同时，各电子控制模块之间的数据交换也随之增加。

传统的数据交换形式是通过模块间专设的导线完成点对点的通信。数据量的增加必然导致车身线束的增加。庞大的车身线束不仅增加了制造成本，而且还占用空间，提高了整车重量。线束的增加还会使因线束老化而引起电气故障的可能性大大提高，降低了系统的可靠性。

解决这个问题的关键就是利用计算机网络技术，将车载控制模块通过车载网络连接起来，实现数据信息的高效传输。车载网络形式多种多样，目前，应用最为广泛的是控制器局域网络（Controller Area Network），即所谓的 CAN BUS 系统。

控制器局域网 CAN 是德国 BOSCH 公司在 20 世纪 80 年代初为汽车业开发的一种具有很高保密性，有效支持分布式控制或实时控制的串行数据通信总线。CAN 的应用范围遍及从高速网络到低成本的多线路网络。在自动化控制领域、发动机控制部件、传感器、防滑系统等应用中，CAN 的位速率可高达 1Mbit/s。同时，它也可以廉价地运用于汽车电气系统中，如灯光、电动车窗等，可以替代所需要的硬件连接。

按照 ISO 有关部门规定，CAN 拓扑结构为线性总线式，所以也称 CAN 总线。最初推出的 CAN 总线为 1.0 版，1990 年推出 1.2 修订版，1991 年又推出 CAN 总线 2.0 版。目前，CAN 总线不但已经成为汽车总线的主要规范，而且被公认为最有前途的几种工业总线之一，是唯一被 ISO TC22 技术委员批准为有国际标准的总线。1993 年国际 CAN 用户及制造商组织（简称 CIA）在欧洲成立，主要作用是解决 CAN 总线实际应用中的问题，提供 CAN 产品及其开发工具，推广 CAN 总线的应用。

在欧洲，1986 年 2 月 BOSCH 公司在 SAE 大会上介绍了一种新型的串行总线 CAN 控制器局域网，从 CAN 诞生的时刻起到今天，在欧洲几乎每一辆新客车均装配有 CAN 控制器局域网，同样 CAN 也用于其他类型的交通工具，从火车到轮船，用于工业控制的 CAN 已经成为全球范围内最重要的总线之一，甚至领导着串行总线。1999 年接近 6000 万个 CAN 控制器局域网投入应用，2000 年市场销售 CAN 芯片超过 1 亿个。

二、国外车载网络系统研究历史

20 世纪 70 年代，汽车保有量呈几何级数增长，造成了严重的环境污染。西方发达国家政府开始注重环境保护，一些著名的汽车公司转向研究和开发新能源汽车。从 20 世纪 70 年代起，世界发达国家均投入巨资进行新能源汽车的商业化开发和应用。在北美以及西欧的一些国家，在汽车计算机控制系统和工业控制领域，已经将 CAN 总线作为了标准总线加以投入和产出运用，并且拥有以将 CAN 作为底层协议专为大型货车和重工机械车辆设计的标准协议。

新能源汽车行业的不断发展，给人们提出了新的难题，就是如何将新能源汽车各个部件能协调统一工作，逐步实现汽车的网络化发展的问题。在这样的前提下，20 世纪中期，已经有了将总线应用到汽车通信上的想法，但局限于当时的技术水平，一直未能得到更深入的发展。为了节省汽车总线，1968 年，将汽车实现单线多路传输信号的构想萌发，这是实现汽车通信的最初起步。从此以后，很多厂商开始了对该领域的重视，1971 年，美国通用汽车公司推出采用微处理器的组合系统以及日本丰田汽车公司研发的类似装置，都进一步证明了利用总线作为汽车通信手段的构想正在一步步变为现实。

1986 年 2 月，在 SAE 大会上，BOSCH 公司首先推出了一种新的串行总线——CAN（Controller Area Network）控制器局域网。CAN 局域网的诞生，为以后车载系统的应用做出了非常重要的贡献。

CAN 现场总线作为现场总线网络中最有发展前途的一种总线，在车载领域已经应用得越来越成熟，20 世纪末期，CAN 控制器 82C200 已经在英特尔公司研发成功，不久之后，发展到将 CAN 控制器嵌到控制芯片上的阶段，其中飞利浦公司生产的单片机 P8XC592，就自身带有了 CAN 总线控制器，CAN 总线控制器已经带有了数字 / 模拟输入输出功能，可用于传感器等非开关量的传输。除此之外，摩托罗拉公司也推出了带有 CAN 控制器的单片机 68H05X4 和

68H05X16，而西门子公司则推出 C167C。

由于 CAN 总线在数据传输方面的优越性，CAN 总线已经成为现代汽车中必须的装置，比如奔驰、宝马、大众、雷诺等汽车车载通信都使用 CAN 作为车载网络数据通信的主要手段。随着 CAN 总线技术越来越成熟，带有 CAN 控制器的控制芯片做得越来越好，最具代表性的是飞利浦公司推出的单片机 82C250、SILLIONl 公司推出的 SJ9200 单片机、NEC 公司推出的 72005 等。CAN 总线协议在短短几年内发生了质的变化，充分凸显了 CAN 总线巨大的生命力以及广阔的市场发展前景。到目前为止，应用在全球范围内大型汽车制造业的汽车通信协议主要有：

1）CAN，由以研发和生产汽车电子产品著称的德国 BOSCH 公司开发，应用于高速率网络传输，最终成为国际标准（ISO11898），应用前景非常可观。

2）VAN，由法国雷诺汽车公司和标致集团联合开发，是专门为汽车车载应用开发的总线，1994 年成为国家标准，主要应用于车身控制系统，位速率通常能达到 1Mbit/s。

3）J1850，是 1994 年美国汽车工程师协会所颁布的标准，应用于车身控制系统，之后普遍应用到美国的汽车生产中，日本的大多数汽车也采用这一协议。

4）ST.FIAT，由意大利菲亚特汽车公司和法国 SGS-THOMSON 公司共同开发，应用于低速率范围内的网络数据传输。

5）A.BUS，由德国大众汽车公司开发，可同时应用于低速率和高速率的网络数据传输。

6）MI.BUS，由美国摩托罗拉公司开发，主要应用于汽车车身以及空调等控制单元，属于低速率传输协议。

7）K.BUS，德国宝马公司设计并采用该协议。

在 20 世纪末期，集成电路技术飞速发展，电子器件制造技术日新月异，在这种大好形式的积极带动下，汽车网络通信技术取得了空前发展。系统可以采用廉价的单片机作为 CAN 总线的接收端，并且随着技术的不断提高，总线布局技术的价格也越来越低，这为汽车总线产业化铺平了道路。

学习小结

1）车载网络是计算机网络技术与自动化控制技术相结合产生的新兴技术领域，它支持汽车向智能化发展。

2）装有车载网络系统的汽车出现故障时，应该首先检测多路信息传输系统的工作状况。

任务分析

根据这个任务，需要对纯电动汽车的车载网络系统进行认知、拆装和检测，通过这个任务学生能够掌握车载网络系统的拆装和检测。

自我评估

1. 填空题

1）车载网络是_____与_____相结合产生的新兴技术领域。

2）汽车车载网络信息传输系统的核心部分是_____。

3）汽车车载网络系统正常的工作电压应该保证在_____。

2. 判断题

1）CAN 总线的数据只能是特定的控制模块才能收到。（　　）

2）电路或插接器需要维修时，都要采用汽车维修手册制订的方法进行维修。（　　）

3）导线维修必须焊接，不允许将导线拧接。（　　）

3. 不定项选择题

1）车载网络系统的常见故障有_____。

A. 电源系统故障

B. 节点故障

C. 链路故障

D. 发射器故障

2）相关的委员会将汽车的数据传输网络大致分为_____。

A. A 类

B. B 类

C. C 类

D. D 类

任务 2　新能源汽车车联网系统的认知

任务情境

任务描述

你的主管要求你为新能源汽车客户介绍车联网系统的功能与操控，你能完成这个任务吗？

任务提示

根据这个任务，需要对纯电动汽车的车联网系统进行认知、拆装和检测。

任务目标

知识目标

1. 掌握车联网系统的概念。
2. 掌握车联网的基本功能。
3. 掌握智能网联汽车的分级。

能力目标

1. 能正确利用互联网查询车联网系统的现状和发展。
2. 能正确地拆卸与安装比亚迪 E5 的车载终端。

一、物联网概述

自计算机技术、互联网和移动通信技术所产生的划时代影响以及创造的丰厚价值之后，物联网被人们期待成为全球信息产业的又一次产业浪潮，受到了全球许多国家政府、企业、科研机构的高度关注，并分别从体系结构、信息标准、实现技术、行业应用等方面进行了大量的理论研究和实践探索，取得了初步的研究成果。物联网是通过 RFID、传感器、摄像机、GPS 等具有标识、感知、定位和控制功能的智能设备来获取物体（虚拟的和物理的）的信息，然后通过通信网络进行互联与管理，利用互联网这一成熟的信息平台为社会各行各业提供面向物体的各类服务。物联网具有以下的特征：

1）物联网不是一项全新的新术，它是在现有互联网基础上发展起来的，也称为后互联网，是互联网发展到一定阶段后的产物，也是信息技术从以人为主的社会维度应用到物理世界的产物。

2）嵌入到物理对象中实现对象系统智能化的嵌入式系统是实现物联网功能的核心，传感器、RFID、摄像机、GPS 等终端都通过嵌入式系统实现与互联网的信息交互，成为物联网的感知神经末梢。其中，信息物理融合系统（Cyber Physical Systems，CPS）是一种典型的物联网技术，也是一种高度智能化的信息系统，它通过将计算、通信和控制内核嵌入到分布在不同地理位置上的各类物理实体，在稳定的高速网络的互联下，使计算资源与物理资源深度融合，进而实现对物理实体的安全、可靠、高效和实时监测与控制。CPS 在继承已有通信和控制系统的基础上，更强调物体间的动态感知和协调控制，强调计算进程与物理进程间的循环反馈，强调从系统工程的角度实现实时感知、动态控制和信息服务，强调在感知物理世界的同时对其做出调整，强调对计算、通信和控制能力的可控、可信和可扩展。

3）物联网是互联网发展到高级阶段并在发展中遇到了阻力时的产物。互联网发展到现在，在技术和应用中都遇到了瓶颈，下一代网络、云计算、传感网等被认为是有效的解决技术，这些技术正是构成物联网的基本要素，也是物联网特征的基本体现。

4）物联网是计算机学科、通信学科、电子技术学科、微电子学科等多学科交叉融合后形成的一个综合应用技术，需要多学科间的交叉融合，但这种融合不是简单的集成，必须解决大量已知和未知的技术与非技术问题，是一种继承和探索过程中的尝试与创新。

5）智能化、自动化、实时性、可扩展性、可控性和可信性是物联网必须具备的特征。作为互联网发展后期的产物，物联网在继承了互联网优良基因的基础上，借助社会发展对信息技术的新需求以及各类新技术带来的内在驱动力，以其清晰的特征，呈现出良好的发展态势。物联网的出现和应用，从时代特征上体现着信息社会这一客观的发展需求和方向，标志着互联网的发展步入了一个崭新的阶段；从功能特征上体现着基于智能感知和智慧服务的后互联网时代已经到来，标志着互联网具备了"感知基因"；从信息安全特征上体现在遍及各处的传感器和无处不在的无线网络为各种网络攻击提供土壤，信息安全和隐私保护成为物联网中不得不关注的问题，在物联网中不仅要解决传统互联网中存在的假冒攻击、数据驱动攻击、恶意代码攻击、拒绝服务攻击等安全问题，还要解决智能感知节点的自身安全问题和物联网应用中出现的大量安全问题，需要从物理安全、信息采集安全、信息传输安全和信息处理安全等方面综合分析存在的安全隐患，提出可行的安全解决方案和技术路线，确保信息的机密性、完整性、可用性、可控性和不可否认性。

二、车联网概述

车联网是物联网中一个重要的分支。车联网是快速发展中的智能交通系统与物联网迅速交叉融合的产物，也是物联网技术发展过程中最能够率先实现应用的一个重要突破口。智能交通系统是传统交通运输管理方式发展到一定阶段时的必然需求，是信息技术元素渗透到传统交通运输管理后的结果，而物联网则是互联网在发展过程中遇到瓶颈时在技术和应用上的突破。智能交通系统与物联网走向融合具有明显的信息时代烙印。

智能交通系统是在较完善的现代交通基础设施之上，通过运用先进的信息技术、通信技术、传感技术、控制技术、计算机技术及系统集成技术等，加强对以车辆为主要对象的交通运输管理，提高交通运输系统的有序性和综合管控能力，建立一个快速、实时、安全、环保、便捷和舒适的综合交通运输体系，从而最大限度地提升现有道路基础设施的服务能力。智能交通系统是1994年在全世界范围内开始出现并被广泛采纳的一个概念，这一概念的内涵和外延也在随着技术的发展以及交通运输管理理念的变化而变化。

车联网即车辆物联网，是以行驶中的车辆为信息感知对象，通过对智能传感器、无线通信、分布式数据库、信息处理与互联网等技术的综合应用，使人与车、车与车、车与道路基础设施之间实现高效的信息交换与共享，从而对人、车、路和交通设施进行智能管控，进而改善道路交通状况、提高出行效率、延伸信息化应用范围的综合信息服务与智能决策系统。从交通管理的角度来看，车联网的主体仍然是ITS，只是在ITS的基础上融入了物联网的基因，使车辆具有更丰富和完善的信息技术元素。从网络特征来看，车联网的主体架构仍然是互联网，只是其功能和信息服务方式发生了变化。车联网是一种特殊的无线传感器网络，每一个高速行驶中的车辆节点有规律地分布在城市道路基础设施所限制的范围内，为车辆提供无所不在的网络接入、安全控制、数字多媒体业务、导航、辅助驾驶等服务功能。

例如，作为系统终端的车辆，在ITS中主要通过线圈、地磁、微波、视频、红外、超声波等检测技术和GPS定位技术被动地接收和发送与交通相关的信息，缺乏按需获取的信息交换和共享机制。在车联网中，车辆具有了信息感知功能，可以通过RFID、车载信息服务、无线定位技术等一系列移动交通信息采集技术，实时感知车辆自身以及车辆与周围环境的信息，其中主要包括车况及控制系统感知、道路环境感知、车与物的感知、车辆位置感知以及智慧驾驶辅助系统等。在车联网中，车辆不仅仅提供位置信息，而且能够实时接入城市交通信息网络，随时随地获取道路交通状况，及时选择最佳行车路线。由车载智能终端组成的移动无线网络实现了车辆之间的通信，车辆也可以通过移动技术接入互联网，使行车中的人们共享互联网信息。

三、车联网的定义

车载互联网系统也称"汽车物联网"，简称"车联网"，是一种汽车信息服务（Telematics），是远程通信技术（Telecommunications）与信息技术（Informatics）的有机结合，并以汽车为载体开展服务，解决人、车、路的有效协同。车联网系统利用装载在车辆上的电子标签通过无线射频（RFID）等识别技术，实现在信息网络平台上对所有车辆的属性信息和静、动态信息进行提取和有效利用，并根据不同的功能需求对所有车辆的运行状态进行有效的监管和提供综合服务。

Telematics 是以无线语音、数字通信和卫星导航定位系统为平台，通过定位系统和无线通信网，向驾驶人和乘客提供交通信息、紧急情况应付对策、远距离车辆诊断和互联网（金融交易、新闻、电子邮件等）服务的业务。

四、车联网的基本功能

Telematics 指通过内置在汽车、航空器、船舶、火车等运输工具上的计算机网络技术，借助无线通信技术、卫星导航技术，实现文字、图像、语音信息交换的综合信息服务系统，如图 5-8 所示。

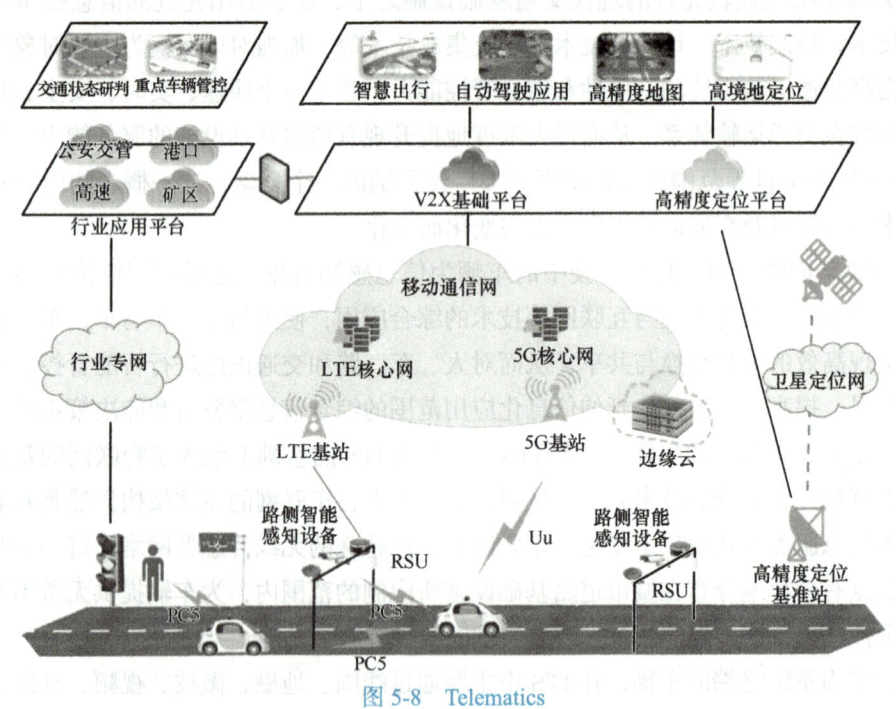

图 5-8　Telematics

那么，为了避免造成驾驶人分神，信息输入方式主要采用语音输入或触摸屏（触控面板）；信息输出方式则为中尺寸面板（LCD 或 OLED）、语音输出或投射在汽车前风窗玻璃的抬头显示（Head-Up Display，HUD，如图 5-9 所示）；语音命令和免提控制，如"导航到最近的加油站"，更复杂的选项可能像是苹果 Siri 的风格。

图 5-9 抬头显示

Telematics 的特点在于大部分的应用系统位于网络上（如通信网络、卫星与广播等）而非汽车内。驾驶人可运用无线传输的方式，联结网络传输与接收信息与服务以及下载应用系统或更新软件等，所耗的成本较低，主要功能仍以行车安全与车辆保全为主。

就目前而言，网联汽车可通过互联网、4G/5G 等网络进行接入，可提供交通信息共享，如道路拥堵情况、车流量等，还有碰撞安全等一系列的安全呼叫与警报，可通过相应的应用程序告知出发时间或提醒到达时间，如 BMW 的互联驾驶。

（1）卫星定位导航与车况自检测　通过 GPS 卫星定位技术确定失窃车辆的位置和行车路线，以便搜寻与追踪，追缴车辆并缉拿盗车贼。另外，还可以实现车辆性能与车况的自动监测、传输，进行多地、远程"专家会诊"，指导车辆维修等，如图 5-10 所示。

（2）交通信息预报与娱乐系统　通过 GPS 全球卫星定位系统，结合行车路线，做电子地图与语音导航相结合的路况报道，如交通拥堵、复杂路况以及交通安全和

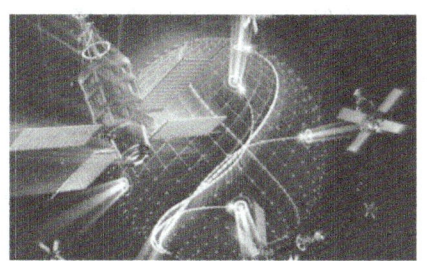

图 5-10 卫星定位导航

碰撞警告；路线指引，并能提前预报前方路口的车速限制及交通违法摄像头的安装情况，以确保安全行车，如图 5-11 所示。

图 5-11 交通信息预报与娱乐系统

后座系统主要以多媒体娱乐为主，包括互动式游戏、高保真音响视听系统、随选视频资讯、数字广播与数字电视等，如图 5-12 所示。

（3）道路救援与车辆应急预警系统　行车过程中，如果发生车祸或车辆出现故障，驾驶人可通过 Telematics 系统的紧急呼叫按键，自动联系紧急服务机构（119、120 等急救机构）或汽车服务站，以获得道路救援，如图 5-13 所示。

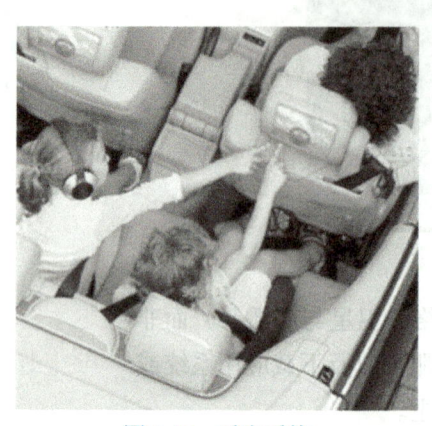

图 5-12 后座系统

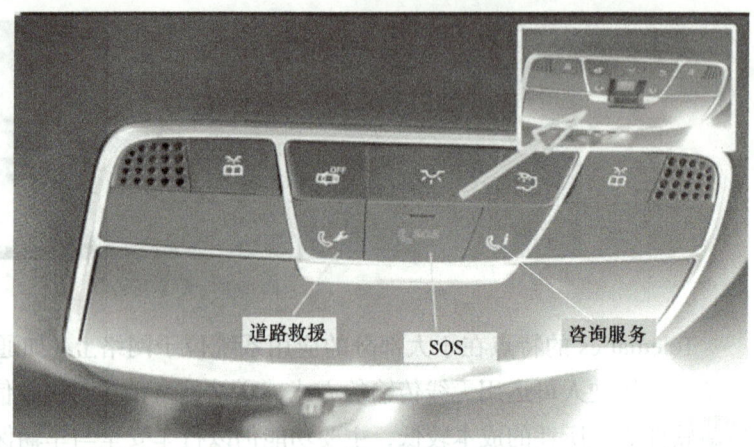

图 5-13 车辆应急预警系统

当行驶中的车辆遇到紧急情况时，可以借助 Telematics 系统向外界（其他车辆或道路交通管理部门）发出应急申请，也可接收来自道路交通管理部门发布的紧急情况警告及应急响应预案，确保行车安全和道路畅通。

五、智能网联汽车的技术分级

1. 美国

在国际上，美国汽车工程师学会（SAE）及美国国家高速公路交通安全管理局（NHTSA）分别对自动驾驶的等级做出划分，具体见表 5-3。

表 5-3 SAE 及 NHTSA 自动驾驶等级划分

分级		名称	定义	转向和变速操作	监控驾驶环境	极端驾驶情况的应对	系统作用范围
NHTSA	SAE						
0	L0	无自动化	人类驾驶人完成所有的驾驶操作，系统只起到警告和辅助的作用	人类驾驶人	人类驾驶人	人类驾驶人	无
1	L1	辅助驾驶	辅助系统完成转向或变速中的一项操作，其他所有驾驶操作由人类驾驶人完成	人类驾驶人或系统	人类驾驶人	人类驾驶人	部分
2	L2	部分自动化	辅助系统完成转向和变速两项操作，其他所有驾驶操作由人类驾驶人完成	系统	人类驾驶人	人类驾驶人	部分
3	L3	有条件自动化	自动驾驶系统完成所有驾驶操作，需要人类驾驶人恰当应答系统的请求	系统	系统	人类驾驶人	部分
4	L4	高度自动化	自动驾驶系统完成所有驾驶操作，不一定需要人类驾驶人恰当应答系统的请求	系统	系统	系统	部分
	L5	完全自动化	自动驾驶系统达到人类驾驶水平，可处理任何道路和环境的驾驶情况	系统	系统	系统	全部

2. 我国

2020年3月9日，工信部官网公示了《汽车驾驶自动化分级》推荐性国家标准报批稿，2022年3月1日开始实施。自动驾驶汽车以5个要素为主要依据，被划分为0级（应急辅助）、1级（部分驾驶辅助）、2级（组合驾驶辅助）、3级（有条件自动驾驶）、4级（高度自动驾驶）、5级（完全自动驾驶）共6个不同的等级，见表5-4。和SAE分级标准相比，两者在整体分级思路和分级划分标准上大体一致，且都把汽车的自动化程度划分为6种不同的等级。对每一等级自动驾驶汽车的具体界定，两种标准也大体相同，仅在某些方面存在一些区别。

表 5-4 我国自动驾驶等级划分

分级	名 称	车辆横向和纵向运动控制	目标和事件探测与响应	动态驾驶任务接管	设计运行条件
0级	应急辅助	驾驶人	驾驶人及系统	驾驶人	有限制
1级	部分驾驶辅助	驾驶人和系统	驾驶人及系统	驾驶人	有限制
2级	组合驾驶辅助	系统	驾驶人及系统	驾驶人	有限制
3级	有条件自动驾驶	系统	系统	动态驾驶任务接管用户（接管后成为驾驶人）	有限制
4级	高度自动驾驶	系统	系统	系统	有限制
5级	完全自动驾驶	系统	系统	系统	无限制*

*排除商业和法规因素等限制。

智能网联汽车实物如图5-14所示。

图 5-14 智能网联汽车

六、"车联网"与"网联车"的概念辨析

随着汽车智能化、网联化发展大潮的到来，"车联网""智能网联汽车"等概念被反复提及。"车联网"与"智能网联汽车"的准确定义是什么？它们与"智能汽车""智能交通"的关系是什么？

车联网（Internet of Vehicles）概念引自物联网（Internet of Things），实际上是一个国人自创的名词，与其意义对应的英文词汇包括Connected Vehicles、Vehicle Networking等。国内曾经将"车联网"与"远程信息服务"（Telematics）等同，将车辆看作一个简单的信息收发节点，只看到了车联网在提供信息服务领域的作用，这是对车联网的片面理解。

实际上，现代汽车电子电器系统本身就构成了一个复杂的车内网络系统，同时在车与车、车与路侧设施、甚至车与行人及非机动车之间也可以通过专用短距离通信构成移动自组织车际网络。因此，车联网的完整定义应该是：是以车内网、车际网和车云网为基础，按照约定的体系架构及其通信协议和数据交互标准，在车 -X（X：车、路、行人及移动互联网等）之间，进行通信和信息交换的信息物理系统。车联网能够实现的主要功能包括智能动态信息服务、车辆智能化控制和智能化交通管理等。

智能网联汽车是指搭载先进的车载传感器、控制器和执行器等装置，并融合现代通信与网络技术，实现车与 X（人、车、路、后台等）智能信息交换共享，使车辆具备复杂环境感知、智能决策、协同控制和执行等功能，可实现安全、舒适节能、高效行驶，并最终可替代人来操作的新一代汽车。智能网联汽车是车联网与智能汽车的交集。此外，车联网还能够为驾乘人员提供丰富的车载信息服务，并服务于汽车智能制造、电商、后市场和保险等各个环节，如图 5-15 所示。

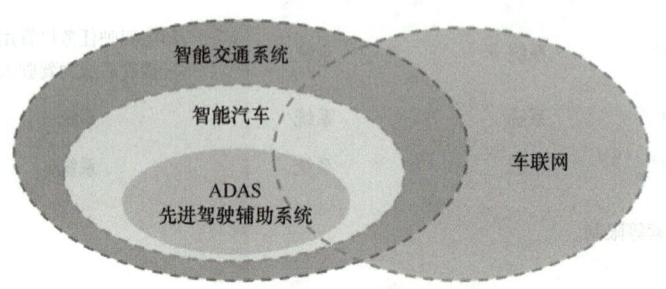

图 5-15 "车联网"与"网联车"等概念辨析

任务实施

一、准备工作

（1）防护装备　隔离栏、警示牌、绝缘手套、护目镜、安全帽和绝缘鞋。
（2）实训车辆　比亚迪 E5 新能源汽车等。
（3）工具设备　预紧式扭力扳手、棘轮扳手、短接杆、套筒等。
（4）辅助资料　汽车维修手册、教材等。

二、实施步骤

根据实训室的车辆配置，对完成以下车联网系统相关的操作。

1. 利用互联网查询车载互联网系统的现状和发展

打开电脑或移动终端的浏览器，利用"百度"等浏览器搜索功能，搜索"车联网、现状、发展"等关键词，查询并记录相关的信息。

2. 拆卸与安装车载终端

（1）拆卸

1）车载终端安装在后行李舱右侧护板下。
2）小心拆下行李舱右侧护板。

3）断开插接器。
4）用 10# 套筒拆卸固定螺栓。
5）取下车载终端。

（2）安装　按照与拆卸相反顺序进行安装。

知识拓展

一、智能网联汽车的发展

随着汽车电子、网络、信息技术的快速发展，智能网联汽车已成为汽车技术发展的大势，智能网联汽车技术将引领未来汽车新一轮发展。近年来，众多互联网巨头和高科技企业也开始瞄准汽车市场，如谷歌公司的无人驾驶汽车、苹果公司的 iOS7 汽车版、沃尔沃汽车公司的"公路列车"等技术和产品，如图 5-16 所示。

新兴的高速网络通信（CAN、GPRS/3G/4G、DSRC 等）、先进的环境感知（图像、雷达、

图 5-16　无人驾驶汽车

GPS、北斗等）、大数据计算、智能控制等技术成为汽车行业普遍关注的重点。据美国汽车咨询公司 IHS 预计，到 2035 年全球智能驾驶汽车销量将超过 1000 万辆；麦肯锡在 2013 年发布的"展望 2025，决定未来经济的 12 大颠覆技术"中预测，智能汽车在 2025 年将创造 1.9 万亿美元的产值，排在下一代基因组学、3D 打印等之前，处于第六位。

二、国内智能网联汽车进展及趋势

相比国外，我国一汽、上汽、长安、奇瑞等国内整车厂家也在进行汽车 ADAS 技术研发及产业化应用，如将 FCW（前撞报警）、LDW、倒车及全景系统等作为选配装备在车上。

我国在全球互联网、信息技术领域占有一席之地，未来的汽车技术、交通技术将更加注重人、车、路以及社会环境的连接以及一体化管理与控制，抓住如今智能网联汽车在全球快速发展的浪潮，有助于我国汽车工业实现新的转型升级，甚至弯道超车。

因此，应加快制定智能网联汽车国家战略，从顶层设计、政策环境、行业资源统筹等角度，快速形成智能网联汽车研究、开发、应用的产业环境，抢占汽车行业未来新兴市场。

三、移动 APP 在汽车上的应用

为了把手机的优点和车机的优点结合起来，满足消费者的需求，越来越多的汽车厂商把汽车与移动 APP 完美整合在一起，形成新一代基于驾车者移动设备的信息娱乐系统。这种映射技术随着市场需求发展成长得非常快，目前已有几个汽车公司在做。例如宝马在 3 系车上使用其最新的 iDrive 系统，通过一个按钮和 8 个热键配合，可以轻松实现和 iPhone 的无缝连接，这是目前映射做得最好的代表产品。

通过手机无线获取汽车实时数据，并传送给云服务器，把汽车 OBD 数据与 GPS 地理定位数据结合，基于手机平台操作系统，开发远程控制、车辆代驾、网上商城、爱车常识、地图升

级等手机 APP 应用功能。车联网 App 开发方案如下：OBD（On-Board Diagnostic）中文为"车载诊断系统"，最早是用于对汽车尾气的监测，目前国际通用的标准是 OBDII，所有车辆在出厂时都配有一个 OBDII 接口，车辆检测时将检测设备接入该接口通过 ECU 读取车况数据。

具备如下功能：

1）获取汽车实时数据（含汽车故障数据）。

2）获取当前地理定位数据（经纬度信息）。

3）获取汽车基本信息（型号、牌号等）。

4）信息综合分析处理。

5）展示信息。

6）将有价值信息批量发送给后台云服务器。

功能综述：车联网 App 分为"车生活、车管家、车优惠、我"四个部分，基本满足客户"车辆体检、驾驶评分、实时车况、WiFi 流量查询、违章查询、保单管理、电子围栏、促销商城"等功能需求。

学习小结

1）车载互联网系统也称"汽车物联网"，简称"车联网"，是一种汽车信息服务（Telematics）。

2）相比国外，我国一汽、上汽、长安、奇瑞等国内整车厂家也在进行汽车 ADAS 技术研发及产业化应用，如将 FCW（前撞报警）、LDW、倒车及全景系统等作为选配装备在车上。

任务分析

根据这个任务，需要对纯电动汽车的车载互联网系统进行认知、拆装和检测，通过这个任务学生能够掌握车载互联网系统的拆装和检测。

自我评估

1. 填空题

1）车载互联网系统也称"汽车物联网"，简称_____。

2）所谓 Telematics 是_____（Telecommunications）与_____（Informatics）的合成词。

3）后座系统主要以多媒体娱乐为主，包括_____、_____、_____、_____等。

2. 判断题

1）当行驶中的车辆遇到紧急情况时，可以借助 Telematics 系统向外界（其他车辆或道路交通管理部门）发出应急申请。（   ）

2）车联网（Internet of Vehicles）概念引自物联网（Internet of Things）。（   ）

3）智能网联汽车是车联网与智能汽车的交集。（   ）

3. 不定项选择题

1)以下属于车联网系统的产业链的是_____。

A. 汽车制造商

B. 车载终端企业

C. 电信运营商

D. 交通信息内容运营商

2)以下_____是我国对自动驾驶的分级。

A. DA 级

B. PA 级

C. CA 级

D. HA 级

参 考 文 献

［1］李正国.电动汽车整车故障诊断与分析［M］.北京：清华大学出版社，2019.
［2］新能源汽车国家大数据联盟，中国汽车技术研究中心有限公司，重庆长安新能源汽车科技有限公司.新能源汽车大数据蓝皮书：中国新能源汽车大数据研究报告（2019）［M］.北京：社会科学文献出版社，2019.
［3］吕江毅，成林.新能源汽车动力蓄电池技术［M］.北京：机械工业出版社，2019.
［4］崔胜民.智能网联汽车概论［M］.北京：人民邮电出版社，2019.